Alltag und Konsum
Verbraucherbildung

Arbeitsheft

Herausgeber
Hans Kaminski

Autorinnen
Martina Raker
Claudia Verstraete

westermann

Bildquellenverzeichnis

IBioland e.V., Mainz: 27.3. IBundesministerium für Ernährung und Landwirtschaft (BMEL), Bonn: 27.1. IColourbox.com, Odense: 8.1, 15.6, 49.1. IDemeter e.V., Darmstadt: 27.5. IFair Wear Foundation, CH Amsterdam: 41.1. Ifotolia.com, New York: Bergfee 58.2; Currie, Linn 9.3; D. Kohn 9.2; eccolo 3.4, 53.1; iMAGINE 9.1; Kostic, Dusan 26.1; naddya 28.2; Olson, Tyler 3.2; Photographee.eu Titel; W-FOTO 3.5, 54.1; Yang, Stefan 51.1. IGetty Images, München: Orbon Alija, fotolia.com, New York: Mi. (Stauke) Titel; T. Garcia Titel. IGOTS Global Organic Textile Standard, Stuttgart: 41.2. IHamburger Sparkasse, Hamburg: 48.1. IHaus der Geschichte der Bundesrepublik Deutschland, Bonn: Wolter, Jupp 36.1. IiStockphoto.com, Calgary: 28.1, 28.3, 28.4; askhamdesign 3.1, 15.2; buzbuzzer 9.4; delectus 37.1; DNY59 15.5; HowardOates 43.1; izusek 15.1; McHenry 43.2; nero47 11.1; PeopleImages 13.1; Prill 60.2; RekaReka 15.4; S847 15.3; SimplyCreativePhotography 40.1; Yuri 60.1. ILammerhuber, Baden: www.verbraucherzentrale.de 18.1. ILindner, Anna K., Cremlingen/Weddel: 72.2, 72.3, 72.4. Imauritius images GmbH, Mittenwald: age 58.1. IMertins, Harald, Vollbüttel, Gemeinde Ribbesbüttel: 4.2, 72.1. INaturland - Verband für ökologischen Landbau e.V., Gräfelfing: 27.4. IOEKO-TEX® Service GmbH, Zürich: 41.3. IPicture Press Bild- und Textagentur GmbH, Hamburg: 22.1. IPicture-Alliance GmbH, Frankfurt a.M.: dpa-infografik 6.1, 12.1, 39.1, 46.1, 47.1, 50.1, 55.1, 56.1, 59.1, 62.1, 63.1, 64.1, 71.1; dpa-infografik GmbH 30.1; dpa/Quiagen 58.3; maxppp/jp Amet Titel. IPitopia, Karlsruhe: Val Thoermer 4.1, 66.1. IRAL gGmbH, Bonn: 14.2. IStiftung Warentest, Berlin: 19.1. Istock.adobe.com, Dublin: Visions-AD 3.3. Itoonpool.com, Berlin, Castrop-Rauxel: Willi Stahl 31.1. IWagner, S., Darmstadt: 14.1. I© Europäische Union: © European Union, 2019 27.2.

Alle übrigen Schaubilder: Westermann Technisch Graphische Abteilung, Braunschweig.

Die Lösungen zu den Aufgaben stehen Lehrkräften auf der Westermann-Verlagsseite zum Download zur Verfügung.

westermann GRUPPE

© 2015 Bildungshaus Schulbuchverlage Westermann Schroedel Diesterweg Schöningh Winklers GmbH, Georg-Westermann-Allee 66, 38104 Braunschweig
www.westermann.de

Das Werk und seine Teile sind urheberrechtlich geschützt. Jede Nutzung in anderen als den gesetzlich zugelassenen bzw. vertraglich zugestandenen Fällen bedarf der vorherigen schriftlichen Einwilligung des Verlages. Nähere Informationen zur vertraglich gestatteten Anzahl von Kopien finden Sie auf www.schulbuchkopie.de.

Für Verweise (Links) auf Internet-Adressen gilt folgender Haftungshinweis: Trotz sorgfältiger inhaltlicher Kontrolle wird die Haftung für die Inhalte der externen Seiten ausgeschlossen. Für den Inhalt dieser externen Seiten sind ausschließlich deren Betreiber verantwortlich. Sollten Sie daher auf kostenpflichtige, illegale oder anstößige Inhalte treffen, so bedauern wir dies ausdrücklich und bitten Sie, uns umgehend per E-Mail davon in Kenntnis zu setzen, damit beim Nachdruck der Verweis gelöscht wird.

Druck A^3 / Jahr 2021
Alle Drucke der Serie A sind im Unterricht parallel verwendbar.

Redaktion: Sylvia Bock
Umschlaggestaltung: ZimDesign Hannover, Petra Zimmermann, Dipl.-Designerin
Innenkonzept: Denis Steinwachs, Braunschweig
Satz: Konrad Triltsch Print und digitale Medien GmbH, Ochsenfurt
Druck und Bindung: Westermann Druck GmbH, Georg-Westermann-Allee 66, 38104 Braunschweig

ISBN 978-3-14-**116195**-3

Inhaltsverzeichnis

1 Konsum im Alltag 6
  Jugendliche als Verbraucher 6
  Rechte und Pflichten der Jugendlichen 7
  Bedürfnisse: Warum und wie kaufen wir? 8
  Die Rolle der Unternehmen 10
  Der Handel: Wie und wo wir etwas kaufen 12
  Informationen: Wie soll man die Qualität beurteilen? 14
  Verbraucherpolitik: die Rolle des Staates 16
  Verbraucherpolitik: Informationen für Verbraucher 17
  Verbraucherpolitik: Organisationen 18
  Mehr Informationsquellen 20
  Test: Was hast du gelernt? 21

2 Bewusst konsumieren 22
  Einkaufen im Supermarkt: Verkaufsstrategien 22
  Einkaufen im Supermarkt: Erkundung 23
  Bioprodukte und Biosiegel 26
  Markenwerbung 28
  Mit Markenware im Trend 30
  Mit Markenware im Trend: ein Rollenspiel 31
  Onlinewerbung: Beispiel Google 32
  Onlinewerbung: Beispiel Facebook 34

3 Nachhaltig konsumieren 36
  Nachhaltiger Konsum: die Umwelt 36
  Nachhaltiger Konsum: der ökologische Fußabdruck 38
  Nachhaltiger Konsum: Verbraucher im Interessenkonflikt 39
  Nachhaltiger Konsum: Umwelt – Wirtschaft – Soziales 40
  Nachhaltiger Konsum: Projekte 43

4 Sicher konsumieren 44
  Wann zum eigenen Girokonto? 44
  Wo zum eigenen Girokonto? 45
  Wie zum eigenen Girokonto? 46
  Alles Konto oder was? 47
  Vorsicht Kostenfallen: Schutz vor zusätzlichen Kosten 48
  Internetrecherche: Wie informiere ich mich richtig? 49
  SEPA-Zahlungsverkehr 50
  Was ist ein Kaufvertrag? 52
  Gewährleistung und Garantie 53

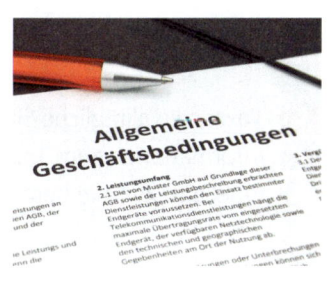

5 Sparen 54
  Der Wert des Geldes 54
  Was ist eine nachhaltige Geldanlage? 56
  Das magische Viereck 57
  Nachhaltige Geldanlagen 58
  Nachhaltige Geldanlagen – in Aktien 60
  Nachhaltige Geldanlagen – in Investmentfonds 61

Inhaltsverzeichnis

6	**Kredit(-raten)**	**62**
	Kredit	62
	Verschuldung und Überschuldung	63
	Bruno möchte ein Auto auf Kredit kaufen	64
	Wieviel Kredit kann Bruno sich leisten?	65
	Welcher Kredit für welchen Zweck?	66
	Wie bewerte und vergleiche ich Kredite?	67
7	**Absichern von Lebensrisiken**	**68**
	Versichern und vorsorgen	68
	Das Lebensphasenkonzept	70
	Staatliche Förderungen – Prämien vom Staat	71
	Projektmethode: allgemeine Informationen	**72**

Symbole

B Texte, die alltägliche Situationen beispielhaft darstellen.
I Informationen zum Text, zum Beispiel zusätzliche Erläuterungen oder Worterklärungen.
Q Quellentexte, die bereits woanders veröffentlicht wurden.

Übersicht

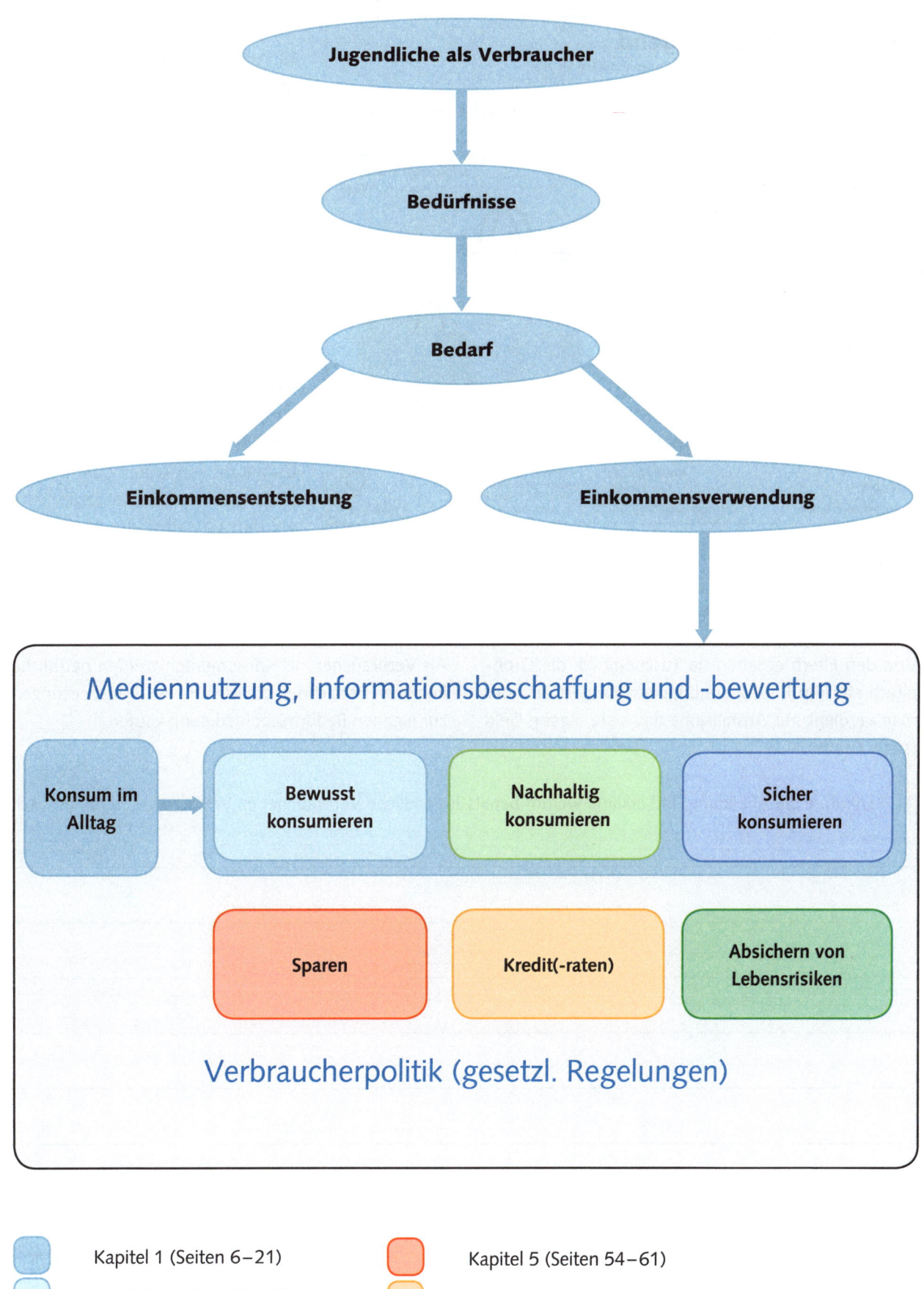

1 Jugendliche als Verbraucher

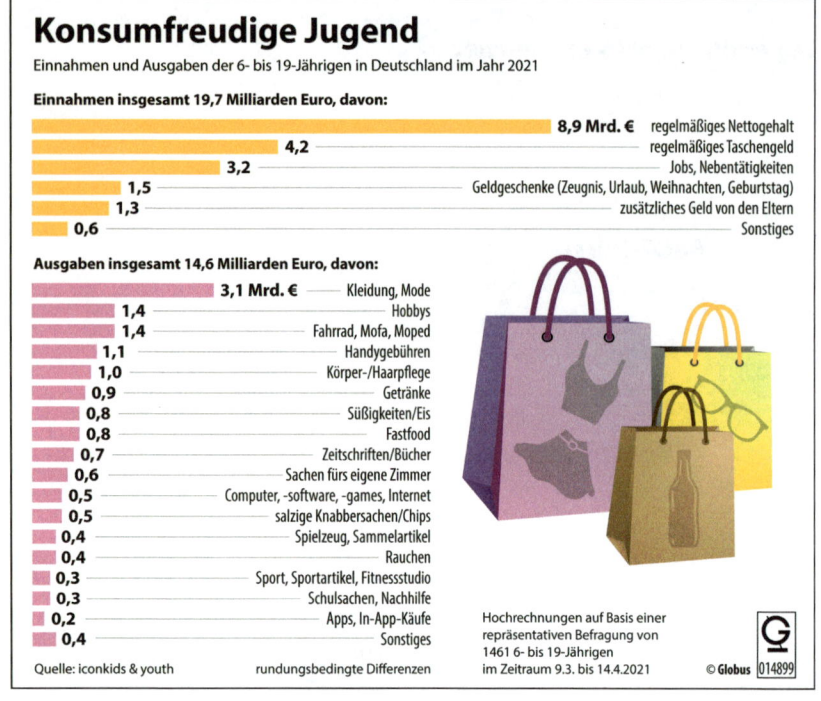

Jugendliche gelten bereits in jungen Jahren als Verbraucher, denn sie nehmen bereits früh am Wirtschaftsgeschehen teil.
Von den Eltern erhalten sie Taschengeld, die Großeltern stecken häufig ein bisschen Bargeld zu oder man verdient mit Aushilfsjobs das erste eigene Geld (siehe Grafik).

Dieses Geld nutzen die Jugendlichen für verschiedene Zwecke. So wird ein Teil des Geldes gespart. Einen Teil geben die Jugendlichen aus, sie konsumieren.

Jugendliche sind damit Verbraucher im Wirtschaftsgeschehen, da sie ähnlich wie die Erwachsenen Geld einnehmen und auf der anderen Seite ihr Geld entweder sparen oder ausgeben. Sie kaufen Waren und Dienstleistungen für sich selbst, also zur privaten Bedürfnisbefriedigung. Sie beeinflussen auf der einen Seite ihre Eltern, Freunde und Bekannten beim Kauf von Waren oder Dienstleistungen. Auf der anderen Seite werden sie selbst durch Freunde oder Eltern beeinflusst, wie auch durch Maßnahmen von Unternehmen, z. B. durch Werbung.

Als Verbraucher, als Konsumenten werden natürliche Personen bezeichnet, die Waren oder Dienstleistungen zur eigenen Bedürfnisbefriedigung kaufen.

1. Erläutere die Abbildung und erkläre, warum bereits Jugendliche Verbraucher im Wirtschaftsgeschehen sind.

1 Rechte und Pflichten der Jugendlichen

Geschäftsfähigkeit

- **Geschäftsunfähigkeit**
  – Personen unter 7 Jahren
  – dauerhaft geistesgestörte
  → Rechtsgeschäfte sind nicht gültig

- **beschränkte Geschäftsfähigkeit**
  Personen von 7–18 Jahren
  → Rechtsgeschäfte sind schwebend unwirksam
  → gesetzlicher Vertreter muss zustimmen

- **volle Geschäftsfähigkeit**
  Personen ab 18 Jahren
  → Rechtsgeschäfte sind voll gültig

Ausnahmen:
– Geschäfte, die aus eigenen Mitteln abgeschlossen werden (Taschengeld)
– Geschäfte, die nur rechtliche Vorteile bringen (Schenkungen)
– Geschäfte, die ein erlaubtes Arbeitsverhältnis betreffen

Jugendliche haben noch nicht sämtliche Rechte wie Erwachsene. Dafür haben sie auch noch nicht ganz so viele Pflichten.
Insbesondere in finanziellen und rechtlichen Angelegenheiten dürfen sie noch nicht eigenständig entscheiden. Bei einigen wirtschaftlichen Tätigkeiten müssen die gesetzlichen Vertreter mit zustimmen.

Der rechtliche Fachbegriff dafür heißt **Geschäftsfähigkeit**. Die gesetzlichen Bestimmungen dazu stehen im Bürgerlichen Gesetzbuch (BGB, § 104 ff.). Sie regeln, welche Dinge in welchem Alter erlaubt sind und welche nicht.

Eine wichtige Ausnahme stellt der Taschengeldparagraf dar. Jugendlichen ist es erlaubt, im Rahmen des Taschengeldes eigenständig das Geld auszugeben.

> **§ 110 Taschengeldparagraf**
> Ein von dem Minderjährigen ohne Zustimmung des gesetzlichen Vertreters geschlossener Vertrag gilt als von Anfang an wirksam, wenn der Minderjährige die vertragsmäßige Leistung mit Mitteln bewirkt, die ihm zu diesem Zweck oder zu freier Verfügung von dem Vertreter oder mit dessen Zustimmung von einem Dritten überlassen worden sind.

1. Erkläre anhand der oben stehenden Grafik die verschiedenen Arten der Geschäftsfähigkeit.

   _____

   _____

   _____

2. Erläutere, welche Vorteile der Taschengeldparagraf bietet.

   _____

   _____

   _____

1 Bedürfnisse: Warum und wie kaufen wir?

B **Karla zu ihrer Mutter:** Mutti, ich muss dieses neue Longboard haben.
Mutter: Das ist doch eine schöne Idee als Weihnachtswunsch.
Karla: Auf keinen Fall. So lange soll ich warten? Ich will es sofort haben! Die Anderen sind doch nur noch damit unterwegs. Und ich steh´ dumm rum.
Mutter: Na, dann heißt es wohl Sparschwein plündern.
Karla: Das geht doch nicht. Ich spare doch für das Sommercamp. Da will ich doch auch unbedingt mit.
Mutter: So´n Brett mit Rollen drunter hast du doch auch schon.
Karla: Oh nee …! Das ist doch ein Skateboard. Mit dem Longboard ist man ganz anders unterwegs.

Man unterscheidet **immaterielle Bedürfnisse** und **materielle Bedürfnisse**. Immaterielle Bedürfnisse sind z. B. Bedürfnisse nach Liebe, Glück, Anerkennung und Erfolg. In der Werbung für Produkte werden diese Bedürfnisse oft angesprochen. Wenn z. B. ein berühmter Sportler für ein Produkt wirbt, sollen wir mit dem Kauf des Produktes auch das Gefühl von Erfolg verbinden. Materielle Bedürfnisse kann man durch den Kauf von Gütern befriedigen. Ein Bedürfnis, das zum Kauf von Gütern führt, nennt man Bedarf.
Da unsere materiellen Bedürfnisse in der Regel größer sind als unsere vorhandenen Geldmittel, müssen wir mit unserem Geld wirtschaften und uns genau überlegen, wofür wir es ausgeben wollen. Man spricht deshalb von der **Knappheit der Mittel**.
Unsere Bedürfnisse werden von vielen Seiten beeinflusst, z. B. von unserem Alter oder Lebensstil oder der Werbung und Warenpräsentation in Geschäften. Manchmal haben einzelne Personen, sogenannte Meinungsführer, einen besonders großen Einfluss. Sie spielen im Freundes- und Bekanntenkreis eine Vorreiterrolle, sind immer auf dem neuesten Stand und kennen sich aus. Auch Bezugsgruppen beeinflussen uns. Ihnen gehören Menschen an, mit denen wir uns gerne vergleichen, die wir bewundern und deren Meinung wir wertschätzen, egal ob wir ihrer Gruppe angehören oder nicht. Ihr Verhalten bietet uns Orientierung.

1. Nennt Beispiele, wo ihr Knappheit erlebt habt, d. h. eure Bedürfnisse größer als die vorhandenen Geldmittel waren.

_____

_____

_____

2. Ermittelt diejenigen Bezugsgruppen, die euch in euren Kaufentscheidungen besonders beeinflussen.

_____

_____

3. Hast du schon einmal ein unwiderstehliches Bedürfnis nach einer bestimmten Sache gehabt und kurz danach lag das lang ersehnte Teil in der Ecke rum? Beschreibe, was das für eine Sache war und ermittle rückblickend, wer oder was dich bei deinem Wunsch beeinflusst hat.

_____

_____

1 Bedürfnisse: Warum und wie kaufen wir?

Es können vier Arten von Kaufentscheidungen unterschieden werden:
- **Extensive Kaufentscheidung:** Auch Planungskauf genannt. Es wird sehr ausführlich recherchiert, Informationen werden eingeholt.
- **Vereinfachte Kaufentscheidung:** Frühere Erfahrungen spielen eine große Rolle. Es wird nur eine begrenzte Anzahl an Produkten in Betracht gezogen.
- **Gewohnheitskauf:** Häufig mit Markentreue verbunden bei sich wiederholenden, fast automatisch ablaufenden Käufen des täglichen Bedarfs.
- **Spontankauf:** Von außen gesetzte Kaufanreize spielen eine große Rolle. Der Kauf ist ungeplant und wird direkt am Verkaufsort getätigt.

Vereinfachte Kaufentscheidungen und Gewohnheitskäufe entlasten die Verbraucher.

Da es nicht möglich ist, in allen Lebensbereichen engagiert bei der Sache zu sein, spart man auf diese Art und Weise Kraft für andere Bereiche, z. B. die Schule, die Freizeit oder die Arbeit.

1. Ordne die unterschiedlichen Typen von Kaufentscheidungen den nachfolgenden Beispielen zu.

Karlas Mutter geht in einen Supermarkt. Bei den meisten Artikeln muss sie nicht lange nachdenken: Paprika und Gurken – immer die mit Bio-Siegel, Kartoffeln – immer die hinten rechts im Regal, auch beim Waschmittel kauft sie schon lange die gleiche Marke, ein Griff, fertig. _____

Karlas Vater sucht neue Joggingschuhe. Da er mit seinen alten sehr zufrieden war, möchte er ein neues Modell der gleichen Marke kaufen. Er lässt sich in verschiedenen Geschäften beraten und zieht noch eine hervorstechende weitere Marke in Betracht. Zwischen den beiden Marken entscheidet er sich dann nach den Kriterien Preis, Qualität und Design. _____

Die Familie möchte sich den lang ersehnten Hund anschaffen. Nur was für einen? Seit Wochen lesen die Eltern Bücher über Eigenheiten verschiedener Hunderassen. Auf der Messe „Mein Tier" lernen sie verschiedene Rassen kennen und sprechen mit Züchtern. Nach einigen Wochen entscheidet sich die Familie für einen Golden Retriever. Alle freuen sich auf das neue Familienmitglied. _____

Bei ihrem „Gruppenshopping" entdeckt Karlas Freundin auf einmal ein total süßes Top an einer Schaufensterpuppe. Eigentlich wollte sie nach Hosen gucken, aber das Top ist einfach perfekt! „Yipiihhh, I like it." Sie geht in den Laden, probiert kurz und kauft es. _____

2. Überlege dir Beispiele für Güter, die deiner Meinung nach unter extensive Kaufentscheidung bzw. Planungskauf fallen. Begründe deine Beispiele.

_____

_____

3. Siehst du bei einigen Kaufentscheidungen Möglichkeiten, wie Verbraucher sich sparsamer verhalten können? Entwickle Vorschläge, wie man den Einkauf gestalten könnte.

_____

_____

1 Die Rolle der Unternehmen

B Auch wenn Karla auf ihr heiß ersehntes Longboard bis Weihnachten warten soll. Eigentlich weiß sie, dass sie zu Hause nicht so einen Aufstand hätte machen dürfen. Heute war sie mit ihrer Freundin Jette in der Mensa essen. Jettes Mutter ist alleinerziehend und findet einfach keinen Job. Es steht noch in den Sternen, ob sie sich bis Weihnachten das Geld abzwacken kann. Denn Jette wünscht sich auch ein Longboard.

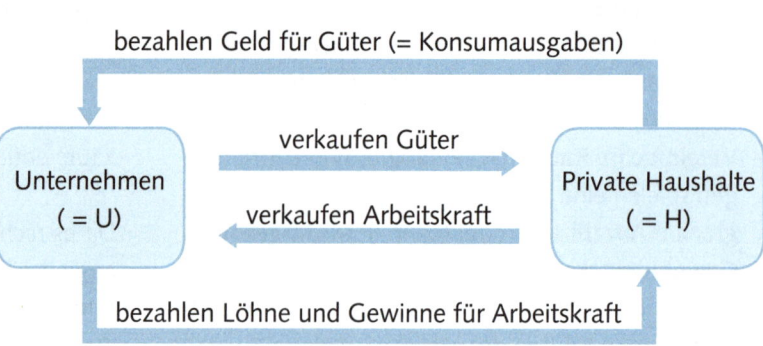

Beziehungen zwischen Haushalten und Unternehmen

Die finanzielle Situation Jugendlicher ist zu einem großen Teil abhängig vom Einkommen des Haushalts, in dem sie leben. Eine wichtige Einkommensart der Eltern ist in der Regel das Erwerbseinkommen durch eine Tätigkeit in einem Unternehmen. Als Arbeitnehmer erhalten sie für den Einsatz ihrer Arbeitskraft Löhne und Gehälter. Diese Geldmittel stehen zum Sparen oder zum Konsum zur Verfügung: Miete, Kleidung, Essen, Schulmaterial, Freizeitgestaltung und vieles mehr.

Aber Unternehmen sind nicht nur Orte, an denen Einkommen erzielt wird. Hier werden die Güter produziert oder bereitgestellt, die wir konsumieren. Man spricht von Wirtschaftsgütern. Etwas anderes sind freie Güter, z. B. die Luft oder das Meerwasser. Sie haben keinen Preis und können von allen Menschen genutzt werden.

In **Produktionsbetrieben** werden:
– Rohstoffe gewonnen (z. B. Kohle, Holz),
– Güter hergestellt, die zur weiteren Produktion nötig sind (z. B. Maschinen, Backöfen),
– und Güter produziert, die dem Konsum dienen (z. B. Waschmittel, Brötchen, Kleidung).

In **Dienstleistungsbetrieben** wird:
– gehandelt (z. B. Lebensmitteleinzelhandel, Textilhandel),
– oder der Transport geregelt (z. B. Schulbusse, Bahn).
– Auch werden Bankgeschäfte abgewickelt, Versicherungen oder sonstige Dienste (z. B. Kinder betreuen, Haare schneiden) angeboten.

Wer von Unternehmen spricht, meint meist privatwirtschaftliche Unternehmen, z. B. eine Bäckerei. Ebenso gibt es aber auch Betriebe, die vom Staat betrieben werden, z. B. ein Museum oder ein Krankenhaus. Öffentliche Betriebe werden häufig aus Steuermitteln unterstützt, privatwirtschaftliche Betriebe müssen Gewinne erzielen, um zu überleben.

1. Benenne wichtige öffentliche und private Unternehmen in deiner Stadt, deinem Dorf oder deiner Region und beschreibe ihre wesentlichen Aufgaben.

1 Die Rolle der Unternehmen

So wie ein Verbraucher möglichst wenig für Produkte und Dienstleistungen ausgeben will, möchte ein Unternehmen möglichst hohe Einnahmen erzielen und möglichst viel verkaufen. Mit den erzielten Einnahmen werden zunächst z. B. die Produktionskosten gedeckt, Investitionen in eine neue Halle getätigt oder Löhne gezahlt. Sind alle Kosten gedeckt, steht am Ende der Gewinn für das Unternehmen. Darin besteht ein vorrangiges Ziel eines jeden Unternehmens. Aus diesen unterschiedlichen Interessen heraus ergeben sich aber auch immer wieder Konflikte.

Ein Beispiel:
In Supermärkten wird seit Jahren das Einkaufsverhalten von Verbrauchern erforscht. Geschäfte werden von den Handelsunternehmen so gestaltet, dass die Kunden möglichst lange bleiben. Denn man hat herausgefunden: Kunden, die dort lange bleiben, kaufen mehr. Manch eines der eingekauften Lebensmittel schmeißt der Verbraucher sicherlich später weg. Jeder kennt das: Die Dinge fristen im Kühlschrank ihr Dasein, bis sie verderben. In Deutschland wandert statistisch gesehen jedes achte Lebensmittel in den Müll. Die Unternehmen versuchen also, die Verbraucher zum Konsum zu motivieren, aber die Verbraucher tragen mit ihrem Einkaufsverhalten auch dazu bei, dass Lebensmittel verschwendet werden.

Eines ist bei all dem klar: Konsum kann ausufern. Dies zeigen auch Probleme wie Kaufsucht und Überschuldung. Statistiken zeigen: Häufig nimmt die Überschuldung junger Menschen zwischen 18 und 20 Jahren ihren Anfang. Dann fangen sie an, selbst Verträge abzuschließen, z. B. beim Mobilfunkanbieter.

1. Beschreibe in eigenen Worten den grundsätzlichen Konflikt zwischen Unternehmen und Verbrauchern.

___

___

___

___

___

2. Diskutiert am Beispiel Lebensmittelverschwendung, wer dafür verantwortlich ist.

___

___

___

___

___

1 Der Handel: Wie und wo wir etwas kaufen

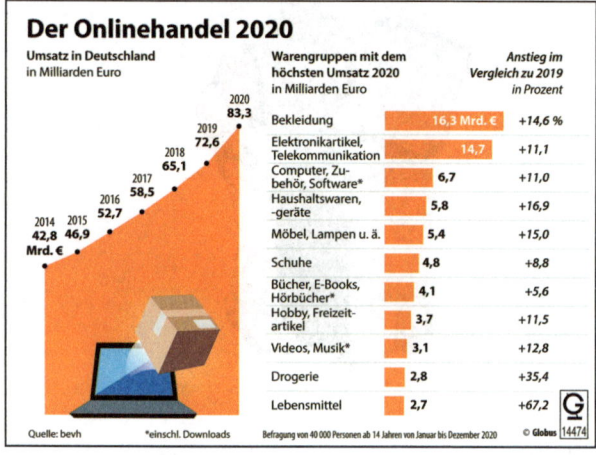

B

Karla: Echt cool Mutti, was du uns da für einen Urlaub gebucht hast.
Mutter: Oh Gott, erinnere mich nicht daran. Ich hab zwar stundenlang recherchiert, trotzdem frag' ich mich: Was erwartet uns da wohl? Schade, dass das Reisebüro mit der netten Beratung geschlossen hat.
Karla: Nicht so skeptisch, komm schon, die Bewertungen der anderen Urlauber im Netz waren echt gut. Die haben's doch schließlich erlebt.
Mutter: … deinen Optimismus möchte ich haben. Wo willst du denn jetzt eigentlich hin?
Karla: Ich hab mich mit Linda in der Stadt verabredet. Ich hab dir doch die schöne Jacke im Internet gezeigt. Die will ich mal anprobieren und mich dann noch ein bisschen umschauen.
Mutter: Also kaufst du die jetzt doch in der Stadt?
Karla: Kommt drauf an. Vielleicht finde ich das Modell ja noch als Schnäppchen im Netz.
Mutter: Okay, dann gucken wir heute Abend mal. Aber du weißt ja, dass mich das stresst mit den Kontodaten und so. Wenn online, dann nur bei den bekannten Seiten, okay? Nicht, dass am Ende unser Geld weg ist, ohne Jacke!
Karla: Geht klar.
Mutter: Schon verrückt, früher hat man sich im Geschäft 'ne Jacke gekauft. Und wenn man keine gefunden hat, dann wurde der Kauf erst mal verschoben. Heute sehe ich in unserer Straße jeden Tag die Paketdienste rauf- und runterfahren. Und an der Poststelle – die Schlange ist nur so lang wegen der ganzen Retouren.

Der Handel vor Ort (stationärer Handel) hat seinen festen Platz in der Einkaufslandschaft. Lebensmittel z. B. kauft kaum jemand im Internet ein. Bei bestimmten Warengruppen ist das bequeme Einkaufen im Internet vom heimischen Sofa aus aber mehr und mehr im Kommen (siehe Grafik).

1. Vergebt die Rollen im Dialog und lest diesen laut vor.

2. Das E-Commerce hat die Art und Weise, wie wir einkaufen, verändert. Dies gilt für die Urlaubsreise gleichermaßen wie für die Jacke. Analysiert den Text im Hinblick auf die Unterschiede zwischen früher und heute.

Einkaufen früher	Einkaufen heute

Der Handel: Wie und wo wir etwas kaufen

Onlineshopping boomt. Die Händler versuchen, möglichst am gleichen Tag auszuliefern. Das ist wichtig, um im Wettbewerb mithalten zu können. Die Kehrseite: Zusteller fahren parallel und halb leer zum Kunden, verbrauchen Benzin und jagen Abgase in die Luft.

Das praktische, schnelle Einkaufen kommt gut an bei den Verbrauchern. Besonders komfortabel ist die kostenlose Rücksendung. Seit Juni 2014 gibt es zwar eine neue EU-Richtlinie: Danach trägt die Kosten für Retouren grundsätzlich der Kunde. Aber dies ist nicht verpflichtend. Als Service bieten viele Händler die Rücksendung weiterhin kostenlos an.

Manch regionaler Anbieter in der Innenstadt hat mit dem Onlinehandel seine Probleme. Kunden gehen erst gar nicht in die City, der Weg zum Computer ist kürzer. Oder Verbraucher lassen sich im Geschäft beraten, kaufen dann aber online. Die Personalkosten zahlt der stationäre Händler.

Deswegen ist immer wieder von der Gefahr der „Verödung der Innenstädte" die Rede, ein Einschnitt in die Lebensqualität der Verbraucher. Einige Geschäftsauflösungen werden sich allerdings ohne alternative gute Ideen kaum vermeiden lassen. Zum Beispiel laden die meisten Menschen Musik im Internet runter, statt im Geschäft eine CD zu kaufen. Das ist sogar umweltbewusst. Es fallen keine Transporte oder Verpackungen an. Und die kleinen Versandhandel, z. B. für fair hergestellte Mode, die sich den teuren Vertrieb in Läden nicht leisten können, haben als Onlinehändler bessere Chancen.

1. Überlege, welche Vorteile mit dem E-Commerce verbunden sind und welche Gefahren, Risiken und Probleme sich ergeben können. Anhaltspunkte geben dir der Dialog zwischen Karla und ihrer Mutter sowie der obige Text.

Vorteile E-Commerce	Gefahren, Risiken, Probleme

1 Informationen: Wie soll man die Qualität beurteilen?

Gibt es eine Pickelcreme, die hilft?

Man unterscheidet drei Arten von Gütern:
- **Such- bzw. Inspektionsgut:** Die Qualität ist vor dem Kauf ohne größeren Aufwand feststellbar.
- **Erfahrungsgut:** Die Qualität des Gutes ist erst nach dem Konsum bekannt.
- **Vertrauensgut:** Die Qualität kann weder vor noch nach dem Kauf sicher eingeschätzt werden.

Bei Vertrauensgütern versuchen die Hersteller, mit bestimmten Maßnahmen das Vertrauen der Kunden zu gewinnen. Eine Möglichkeit dazu ist, ein Gütesiegel zu beantragen und das Produkt damit zu kennzeichnen.

Kaum jemand wird sich bei jedem Kauf genau über alle Einzelheiten des Produktes informieren können. Oftmals kaufen wir einfach ein Markenprodukt, weil wir eine gute Qualität zu den Merkmalen bekannter Marken zählen. Oder wir greifen nach dem vertrauten Produkt im Regal. Ob die Qualität auch ganz genau unseren Ansprüchen genügt, wissen wir nicht immer sicher. Häufig ist es für den Verbraucher schwer, sich so ausreichend zu informieren, dass er völlige Sicherheit gewinnt. Denn bei den meisten Fragen hat der Anbieter mehr Informationen über die Güter.

Ein besonders bekanntes Siegel ist der Blaue Engel, das Umweltzeichen der Bundesregierung zum Schutz von Mensch und Umwelt. Wer ein Schulheft mit dem Blauen Engel kauft, kann von 100 % Altpapier sowie rund 60 % weniger Energie- und bis zu 70 % weniger Wasserverbrauch bei der Produktion im Vergleich zu Frischfaserpapier ausgehen. Ob diese Kriterien erfüllt werden, wird regelmäßig von Experten geprüft. Das Siegel gibt es für über 20.000 Produkte und Dienstleistungen, im stationären sowie im Online-Handel.

1. Berichte über eine Ware oder Dienstleistung, bei der du dir über die Qualität unsicher warst. Benenne möglichst genau, worin deine Unsicherheit bestand.

_____
_____
_____
_____
_____

2. Erläutere, inwiefern ein Siegel selbst ein Vertrauensgut darstellt.

_____
_____
_____
_____

1 Informationen: Wie soll man die Qualität beurteilen?

1. Untersuche, wann man die Qualität der Güter beurteilen kann und benenne die Art des Gutes. Beachte, dass die Qualität im Hinblick auf die Fragen beurteilt werden soll, z. B. ob das T-Shirt schadstofffrei ist.

		Man kann die Qualität ausreichend beurteilen			Art des Gutes
		vor dem Kauf	nach dem Kauf	weder vor noch nach dem Kauf	
	Ist das T-Shirt frei von Schadstoffen und Allergie erzeugenden Stoffen?				
	Finden meine Kumpels pinkfarbene Fußballschuhe cool?				
	Hilft die Pickelcreme?				
	Ist der Schreibtischstuhl bequem?				
	Welche Aktien werden in Zukunft steigen?				
	War es bei der teuren Reparatur des Mofarollers wirklich nötig, so viele Teile auszutauschen?				

2. Vergleicht eure Ergebnisse in der Klasse.

3. Ordne dein eigenes Beispiel in die letzte Zeile der Tabelle ein.

1 Verbraucherpolitik: die Rolle des Staates

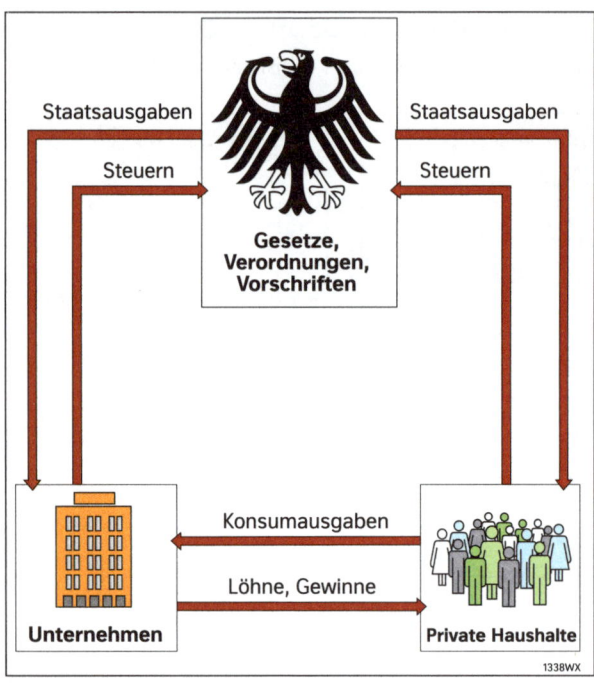

Die Rolle des Staates im Wirtschaftsgeschehen

Die Verbraucherpolitik zieht sich quer durch alle Politikbereiche. Regelungen zum Schutz des Konsumenten sind z. B.

Wettbewerbsgesetze:
– z. B. das Gesetz gegen Wettbewerbsbeschränkungen (GWB), das Absprachen zwischen Anbietern zulasten des Verbrauchers verbietet, z. B. Preisabsprachen.

Lebensmittelgesetze:
– z. B. die Lebensmittel-Kennzeichnungsverordnung (LMKV): Sie regelt genau, welche Angaben auf Lebensmitteln in Fertigpackungen verpflichtend sind, z. B. Zutaten, Zusatzstoffe, Mindesthaltbarkeitsdatum usw.

Das Verbraucherinformationsgesetz (VIG):
Die Behörden müssen die Öffentlichkeit unterrichten, wenn bei Produkten Grenzwerte überschritten sind oder in erheblichem Umfang gegen Gesetze verstoßen wurde. Verbraucher haben das Recht, von Behörden Auskunft zu erlangen.

Gesetze aus dem Bürgerlichen Gesetzbuch (BGB):
– Das Widerrufsrecht regelt, dass bei Bestellungen im Internet das Bestellte innerhalb von 14 Tagen ohne Angabe von Gründen zurückgeschickt werden darf. Der Widerruf muss ausdrücklich erklärt werden, am besten schriftlich.
– Verbraucherkreditregeln besagen, dass von Verbrauchern abgeschlossene Kredite schriftlich abgeschlossen werden müssen und genaue Pflichtangaben zu den Nebenkosten enthalten müssen. Verbraucherdarlehen können zwei Wochen lang widerrufen werden.

Verbraucherpolitik verfolgt das Ziel, den Verbraucher durch Rechte, Schutzbestimmungen und kundenfreundliche Geschäftspraktiken beim Konsum zu unterstützen. Der Staat schafft einen Rechtsrahmen, der Konsumenten vor Risiken und Gefahren schützen soll. Er sorgt auch für die Durchsetzung und Kontrolle der Gesetze und Verordnungen.

Damit die Verbraucher selbstbestimmt handeln können, stellt der Staat zudem Informationen zur Verfügung. Außerdem unterstützt er die Arbeit von Organisationen, die sich für die Verbraucherinteressen einsetzen und Verbrauchern bei Problemen mit Rat und Tat zur Seite stehen. Diese Maßnahmen finanziert der Staat im Wesentlichen aus Steuergeldern.

1. Zum Schutz der Verbraucher werden Regeln benötigt, die der Staat entwickeln muss. Erörtere, warum solche Regelungen von Zeit zu Zeit verändert und angepasst werden müssen.

_____

_____

_____

_____

_____

1 Verbraucherpolitik: Informationen für Verbraucher

Für eine aktive Information der Verbraucher gibt es eine Vielzahl von Informationsportalen, die die Bundesregierung selbst anbietet oder fördert:

- **www.bundesregierung.de/Webs/Breg/DE/Themen/Tipps-fuer-Verbraucher/_node.html:** Überblickseite mit Informationen zu den Themen: Ernährung und Gesundheit, Verbraucherrechte, Energie sparen, digitale Welt, Finanzen, Reisen und Verkehr.
- **www.nachhaltiger-warenkorb.de:** Tipps für einen Konsum, der Umwelt, Ressourcen und faire Produktionsbedingungen berücksichtigt.
- **www.lebensmittelklarheit.de:** Verbraucherportal, das Informationen rund um Kennzeichnung und Aufmachung von Lebensmitteln bietet.
- **www.zugutfuerdietonne.de:** Informationen und Tipps zur Vermeidung von Lebensmittelverschwendung.
- **www.klicksofa.de und www.sicher-im-netz.de:** Tipps zum sicheren Umgang mit Suchmaschinen, Webmaildiensten, Onlineshopping, sozialen Netzwerken, Spieleportalen usw.
- **www.die-stromsparinitiative.de/stromspar-tipps/die-wirksamsten-stromspar-tipps:** Tipps zum Senken von Stromverbrauch und Kosten.

Webseite der Bundesregierung: Tipps für Verbraucher

1. Welche der Themen interessieren dich? Entscheide dich für einen der sechs Bereiche: Ernährung und Gesundheit, Verbraucherrechte, Energie sparen, digitale Welt, Finanzen, Reisen und Verkehr. Recherchiere unter Zuhilfenahme der obigen Internetadressen, ob du hilfreiche Tipps für deinen Alltag gewinnen kannst. Stelle zwei bis drei Verbrauchertipps in der Klasse vor.

2. Bewerte: Wie hilfreich sind deiner Einschätzung nach solche Informationsangebote im Alltag des Konsumenten? Begründe deine Einschätzung.

1 Verbraucherpolitik: Organisationen

verbraucherzentrale

Trotz aller Vorschriften und Gesetze sowie Informationsangebote können beim Verbraucher Probleme auftreten: Verbraucher geraten beim Internetshopping in Kostenfallen, haben Probleme bei der Reklamation fehlerhafter Ware, benötigen zusätzliche Beratung bei der Suche nach der richtigen Geldanlage oder bei der Auslegung von Kreditkonditionen und vieles mehr.

In Deutschland gibt es 16 Verbraucherzentralen. Diese bieten in ungefähr 200 Beratungsstellen persönliche (teils kostenpflichtige) Beratungen und Informationsmaterialien zu verschiedenen Bereichen aus dem Konsumalltag an.

Die Verbraucherzentrale Bundesverband (vzbv) ist die übergeordnete Organisation der Verbraucherzentralen. Sie sorgt z. B. für bundesweit einheitliche Beratungsstandards. Der Bundesverband vertritt die Interessen der Verbraucher gegenüber Politik, Wirtschaft und Gesellschaft. Er macht öffentlich auf Probleme aufmerksam und versucht Einfluss auf die Gesetzgebung zu nehmen. Finanziert werden die Verbraucherzentralen und ihre Dachorganisation überwiegend aus Geldern vom Staat.

1. Recherchiere im Internet: Wo befindet sich für dich die nächste Verbraucherberatungsstelle?

_____

_____

2. Ladet einen Experten einer Verbraucherberatungsstelle in den Unterricht ein. Legt gemeinsam ein Thema fest, über das ihr mit diesem Experten sprechen wollt. Entwickelt in Gruppen Fragen zu diesem Thema.

Thema der Expertenbefragung:

_____

_____

Fragen zu diesem Thema:

_____

_____

_____

_____

_____

_____

3. Überlegt in euren Gruppen, auf welche Art und Weise ihr die Ergebnisse eurer Befragung dokumentieren wollt, z. B. auf einer Wandzeitung.

Verbraucherpolitik: Organisationen

Eine weitere wichtige Einrichtung des Verbraucherschutzes ist die Stiftung Warentest. Sie testet Produkte, von der Schokolade über die Jeans bis zur Versicherung oder Geldanlage. Die Ergebnisse werden vor allem in den monatlich erscheinenden Zeitschriften „Test" und „Finanztest" sowie über das Internet bekannt gemacht. In der Regel findet man die Zeitschriften in der Bibliothek, sodass man sie nicht extra kaufen muss. Die Stiftung Warentest finanziert sich überwiegend selbst.

Die Untersuchungsergebnisse der Stiftung Warentest sind für den Verbraucher eine Hilfestellung, sich zurechtzufinden. Bei den nunmehr 100.000 Produkten, die geprüft wurden, gibt es nur wenige Ausnahmen, in denen die Stiftung Warentest ihre Testurteile zurücknehmen musste. Trotz ihrer Seltenheit sind diese Ausnahmen nicht folgenlos.

Ein Beispiel ist der sogenannte „Schokoladenstreit", der im November 2013 mit dem Testurteil „mangelhaft" der Stiftung Warentest begann. Die Stiftung Warentest bemängelte, dass in einer Voll-Nuss-Schokolade ein chemisch hergestellter Stoff als „natürliches Aroma" deklariert wurde. Der Hersteller beharrte darauf, dass das Aroma natürlichen Ursprungs sei und aus Pfeffer und Dill gewonnen werde. Er gewann den Streit. Die Stiftung Warentest konnte dies nicht widerlegen. Sie darf dem Hersteller jetzt keine irreführende Kennzeichnung in dieser Sache mehr vorwerfen. In den Zeitungen schlug das Urteil hohe Wellen, schließlich ging es bei beiden Beteiligten um den guten Ruf, Glaubwürdigkeit und Vertrauen. Für den Verbraucher bestand nie gesundheitliche Gefahr.

1. Überlege, welche Konsequenzen der „Schokoladenstreit" für die Beteiligten gehabt haben könnte.

a) Unternehmen: _____

_____

b) Verbraucher: _____

_____

c) Stiftung Warentest: _____

_____

2. In einem Gespräch mit „Spiegel Online" sagte Hubertus Primus, Vorstand der Stiftung Warentest: „Wer, wenn nicht die Stiftung Warentest, darf den Finger in die Wunde legen?" (www.spiegel.de, 13.01.2014). Erkläre, was er damit meinen könnte. Begründe deine Aussage.

_____

_____

_____

_____

_____

1 Mehr Informationsquellen

Verbraucher informieren sich über Produkte auf unterschiedlichen Wegen. Eine Informationsquelle sind die Informationen der Hersteller: auf Produktverpackungen, als Werbematerial und Ähnliches. Außerdem gibt es viele Erfahrungsberichte von Verbrauchern im Internet. Wer zum Beispiel bei Amazon ein Produkt kauft, findet auch gleich die Bewertungen von anderen Kunden, sog. „Kundenrezensionen". Auch fragen wir Freunde und Bekannte um ihren Rat und nehmen ihre Empfehlungen als Orientierungshilfe. Schließlich haben wir die Verbraucherinformationen durch die Verbraucherorganisationen, z. B. die Tests der Stiftung Warentest.

1. Beurteile, welche Informationen dir am ehesten bei der Kaufentscheidung, z. B. für ein Handy, helfen können, indem du dir Vor- und Nachteile überlegst.

	Vorteile	Nachteile
Herstellerinformationen		
Beratungsgespräch im Geschäft		
Familie/Freunde		
Kundenempfehlungen		
Stiftung Warentest		

2. Vergleicht eure Ergebnisse in der Klasse.

1 Test: Was hast du gelernt?

1. Teste dein Wissen, indem du den Lückentest ausfüllst. Setze ein:

Rechtsrahmen – stationäre Handel – Staat – Erfahrungsgut – Verbraucher – Konsument – Produkttests – Spontankauf – Verbraucherzentralen – Bezahlmethoden – Zugehörigkeit – Taschengeld – Öffnungszeiten – Empfehlungen – Schnäppchen

Weißt du, dass du ein wichtiger Teil unserer Wirtschaft bist? Schließlich haben Jugendliche ein eigenes Einkommen, zum Beispiel in Form von _____. Wenn du ein T-Shirt kaufst oder eine Dienstleistung in Anspruch nimmst, wirst du wirtschaftlich gesehen zum _____. Ein anderes Wort dafür ist _____. Unsere Konsumentscheidungen werden beeinflusst: Manchmal möchten wir mit dem Kauf eines Produktes zum Beispiel unserem Bedürfnis nach _____ zu Freunden nachkommen. Längst nicht alle Kaufentscheidungen finden überlegt statt. Ein besonders gutes Beispiel dafür ist der _____.

In den letzten Jahren hat vor allem der Kauf im Internet zugenommen. Dies bringt viele Vorteile mit sich. Man kann zum Beispiel gut nach _____ suchen und ist nicht an _____ gebunden. Mit dem E-Commerce sind aber auch neue Gefahren verbunden. Viele Menschen haben zum Beispiel Angst, dass die _____ nicht sicher sind. Der _____ bietet nach wie vor Vorteile, die die Konsumenten zu schätzen wissen. Man kann dort Produkte sehen und anfassen oder sich beraten lassen kann.

Letztlich wissen wir oftmals nicht ganz genau, ob die Qualität eines Gutes unseren Wünschen gerecht wird. Unser wirtschaftliches Handeln birgt auch Risiken. Ist die Qualität eines Produktes erst nach dem Kauf feststellbar, so handelt es sich um ein _____.

Um den Verbraucher zu schützen, ihn zu informieren und ihm bei Problemen zu helfen, gibt es die Verbraucherpolitik. Der _____ sorgt für vor allem für einen _____ und die nötigen Kontrollen, z. B. bei der Herstellung von Lebensmitteln. Bei den _____ kann man sich beraten lassen. Die Stiftung Warentest nimmt in _____ die Qualität genau unter die Lupe. Viele Verbraucher vertrauen aber auch auf _____ von anderen. Manchmal ist dabei aber Vorsicht geboten.

2 Einkaufen im Supermarkt: Verkaufsstrategien

B Karla geht mit ihrer Mutter einkaufen. Eigentlich hatte sie keine Lust nach der Schule noch in den Supermarkt zu gehen, aber „… hey, ein schöner Song kommt gerade aus der Box! Das macht Laune." Sie hilft ihrer Mutter, so gut sie kann. Endlich stehen sie an der Kasse. „Upps", entfährt es ihrer Mutter da. „Der Einkauf war wieder ganz schön teuer. Wie kann das sein?"

Verkaufsstrategen haben Kunden beim Einkauf genau beobachtet und festgestellt: Je länger ein Kunde im Geschäft bleibt, desto mehr gibt er im Durchschnitt aus. Also haben sie sich die Frage gestellt: Wie kann ich erreichen, dass der Kunde lange im Laden bleibt und möglichst viel kauft? Dazu gibt es einige Überlegungen, die der Betreiber des Supermarktes anstellen muss.

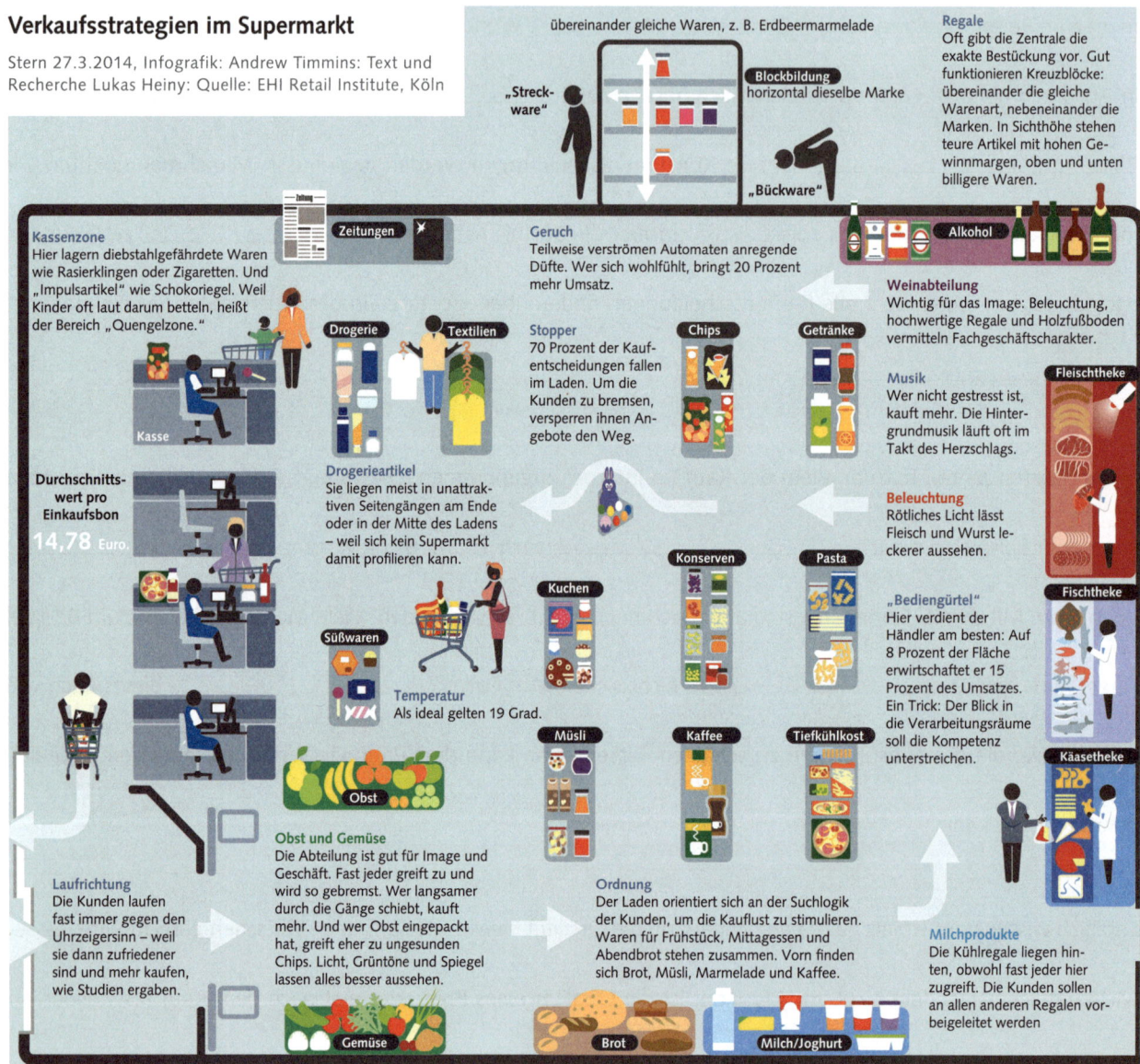

Verkaufsstrategien im Supermarkt
Stern 27.3.2014, Infografik: Andrew Timmins: Text und Recherche Lukas Heiny: Quelle: EHI Retail Institute, Köln

1. Sammelt in eurer Klasse Fälle, in denen euch schon Verkaufsstrategien im Supermarkt begegnet sind.

____
____
____
____

2 Einkaufen im Supermarkt: Erkundung

Bereitet nun eine Erkundung unterschiedlicher Supermärkte vor.

Schritt 1: Gruppen bilden
Legt für die Erkundung Gruppen fest, die unterschiedliche Supermärkte erkunden. Die Supermärkte sollten nicht zu groß sein.

Schritt 2: Verhaltensregeln
Es ist möglich, dass ihr bei eurer Erkundung vom Verkaufspersonal angesprochen werdet. Erstellt in eurer Gruppe einige Verhaltensregeln für diesen Fall. Gleicht diese im Anschluss mit anderen Gruppen ab und passt euren Vorschlag gegebenenfalls an.

_____

_____

_____

_____

Schritt 3: Durchführung der Erkundung – Skizze
Erkundet nun in euren Gruppen die unterschiedlichen Supermärkte. Wenn ihr im Supermarkt angelangt seid, fertigt ihr zunächst eine Skizze vom Aufbau des Supermarktes an.

Unsere Skizze vom Aufbau des Supermarktes, den wir erkunden

Schritt 4: Fortsetzung der Erkundung – Erkundungsbogen
Setzt euch mit den Verkaufsstrategien im Supermarkt auseinander, indem ihr den Erkundungsbogen auf der nächsten Seite ausfüllt.

2 Einkaufen im Supermarkt: Erkundung

Erkundungsbogen: Verkaufsstrategien im Supermarkt

Wir haben folgenden Supermarkt erkundet: _____

1. Wie ist die Laufrichtung im Supermarkt? _____

2. Wie ist die Atmosphäre (Musik, Temperatur, Licht)? _____

3. Wie ist die Obst- und Gemüseabteilung gestaltet (z. B. Lage im Supermarkt, Licht, Mittel zum „Aufhübschen" wie Flechtkörbe oder Spiegel)?
   _____

4. Entströmen im Supermarkt irgendwo Gerüche?
   _____

5. Versperren Stopper, z. B. in Form von Schüttkörben, den Weg?
   _____

6. Sucht die Waren für euer Frühstück zusammen. Stehen die Waren für ein Frühstück alle etwa in einem Bereich? _____

7. Wo findet ihr Milch und Butter? _____

8. Könnt ihr im Bedienbereich mit Frischwaren die Arbeit der Verkäufer und Verkäuferinnen beobachten?
   _____

9. Ist das Fleisch mit rötlichem Licht beleuchtet? _____

10. Wie ist die Weinabteilung im Vergleich zum übrigen Supermarkt gestaltet?
    _____

11. Nach welchen Kriterien ist die jeweilige Produktauswahl, z. B. zu Spaghetti, Papiertaschentüchern und Chips in den Verkaufsregalen angeordnet (teuer, billig, Marken)?
    _____

12. Wo sind die Drogerieartikel angeordnet? _____

13. Welche Gemeinsamkeiten haben die Artikel in der Kassenzone?
    _____

14. Was fällt euch noch auf, z. B. besondere Rabattaktionen oder Sonderangebote?
    _____

2 Einkaufen im Supermarkt: Erkundung

Schritt 5: Auswertung

Gleicht die Ergebnisse eurer Erkundungen mit anderen Gruppen ab. Leitet aus euren Erkenntnissen Tipps für den Einkauf im Supermarkt ab. Veranschaulicht die Kriterien mithilfe eines Plakats.

Plakat: Tipps für den Einkauf im Supermarkt

2 Bioprodukte und Biosiegel

B Im Supermarkt hat Karla mit ihrer Familie Biotomaten gekauft, weil die auf der selbst gemachten Pizza immer so lecker sind. Aber eigentlich weiß Karla nicht so recht, was „Bio" eigentlich bedeutet. Schließlich darf kein Landwirt auf seinen Äckern und in seinen Ställen einfach tun und lassen, was er will. Es gibt gesetzliche Vorgaben, die alle Bauern dazu verpflichten, Standards einzuhalten: Hygienevorschriften, Umweltauflagen, Vorgaben zur Verwendung von Pflanzenschutzmitteln usw. Was macht ein Biolandwirt wohl anders als der „normale" Bauer?

I **Wie arbeiten Biolandwirte?**
– Chemisch hergestellte Düngemittel kommen nicht zum Einsatz. Biobauern düngen mit Mist oder Gülle, um die Böden fruchtbar zu halten oder sie bauen regelmäßig Früchte wie Bohnen, Erbsen oder Klee an, die den Nährstoffgehalt des Bodens verbessern.
– Auf chemisch-synthetische Pflanzenschutzmittel, wie Unkrautvernichtungsmittel oder Insektenvernichtungsmittel wird verzichtet. Es werden besonders widerstandsfähige Arten und Sorten gepflanzt. Weitere Maßnahmen zum Pflanzenschutz sind Striegeln und Hacken, Abdeckung mit Kulturschutznetzen und der Nützlingsschutz, z. B. durch Hecken und Nistplätze.
– Die Nutztiere haben in der Regel Auslauf ins Freie und die Möglichkeit, ihre natürlichen Verhaltensweisen (Scharren, Picken, Suhlen) auszuleben.
– Die Tiere werden möglichst mit hofeigenem Futter ernährt; wenig Zukauf von Futtermitteln.
– Bei der Verarbeitung von ökologischen Produkten wird auf viele Zusatzstoffe verzichtet. Geschmacksverstärker und künstliche Aromen sind nicht erlaubt.

Die Erträge der Biolandwirte sind niedriger als aus konventionellen Betrieben und für die gleiche Produktionsmenge wird mehr Fläche benötigt. Die Erntemengen liegen im Vergleich bei Weizen oder Kartoffeln bei etwa der Hälfte. Biofleisch deckt zurzeit ein Prozent unseres Fleischbedarfs in Deutschland. Im Jahr 2013 waren es rund acht Prozent aller Betriebe, die nach den Kriterien ökologischer Landwirtschaft gearbeitet haben

1. Erkläre in einfachen Sätzen, was die Kernabsicht von Biolandbau ist.

_____

_____

_____

_____

2. Ermittle mögliche Gründe dafür, dass Biolebensmittel häufig teurer sind.

_____

_____

_____

_____

2 Bioprodukte und Biosiegel

Wann wurde ein Produkt auch wirklich nach den Kriterien der Biolandwirte hergestellt? Gütesiegel helfen dabei, sich beim Produktkauf zu orientieren.

Das EU-Bio-Logo gewährleistet, dass ein Produkt nach den EU-Rechtsvorschriften für den ökologischen Landbau hergestellt wurde. Mindestens 95 Prozent der Zutaten müssen bei Lebensmitteln aus ökologischem Landbau stammen, damit das Siegel geführt werden darf. Nicht-ökologische Zutaten müssen in einer besonderen Liste stehen. Hierzulande setzen Hersteller außer dem europäischen Logo oft noch das deutsche sechseckige Bio-Siegel ein. Auch für diese Produkte gelten die Vorschriften.

Zudem sind die Markenzeichen der Anbauverbände (z. B. demeter, Bioland, Naturland) sehr bekannt.

Diese Label dürfen nur für Produkte verwendet werden, die nach den Regeln dieser Verbände hergestellt wurden.

Die Bauern müssen über die Anforderungen der EU-Rechtsvorschriften hinaus noch weitere Richtlinien der Anbauverbände einhalten.

Die EG-Öko-Verordnung schreibt vor, dass die Betriebe regelmäßig kontrolliert werden. Ist der Landwirt oder Verarbeiter Mitglied eines Anbauverbandes, überprüft die Kontrollstelle zusätzlich die Einhaltung der Verbandsrichtlinien.

Brennpunkt: Ein besonderer Kritikpunkt an konventioneller Landwirtschaft ist die Tierhaltung. Sie geht einher mit der Spezialisierung und Arbeitsteilung, die in den vergangenen Jahrzehnten in der Landwirtschaft stattgefunden hat. Die Landwirte betreiben nur noch einen Produktionszweig, z. B. Ackerbau oder halten eine Tierart. Bei Masthühnchen sind Bestände mit 50.000 oder mehr Tieren in hallenähnlichen Ställen (Bodenhaltung) üblich. Die Massentierhaltung, verbunden mit Maßnahmen wie optimiertes Futter oder automatisierter Fütterung, hat die Produktion von Fleisch günstiger gemacht.

> Durchschnittlicher Pro-Kopf-Verzehr von Geflügelfleisch in Deutschland im Jahr 1985*:
> **5,6 kg**
> Durchschnittlicher Pro-Kopf-Verzehr von Geflügelfleisch in Deutschland im Jahr 2013:
> **11,5 kg**
>
> * früheres Bundesgebiet
>
> Quelle: Bundesministerium für Ernährung und Landwirtschaft BMEL (2014): Landwirtschaft verstehen, S. 19

1. Recherchiere im Internet zum Thema „Unterschiede zwischen konventioneller und ökologischer Tierhaltung (auch Bio-Tierhaltung genannt)". Überlege dir drei geeignete Beispiele, mit denen du die Unterschiede darstellen kannst.

2. Diskutiert, welchen Einfluss die Verbraucher selbst auf das Angebot von Geflügelfleisch haben.

2 Markenwerbung

Biosiegel bei Lebensmitteln sind Signale für den Verbraucher. Sie bündeln eine Reihe von Informationen und erleichtern es dem Konsumenten, eine Kaufentscheidung zu treffen. Auch Marken haben solch eine Signalfunktion. Eine Marke ist ein Produkt, das eine hohe Bekanntheit beim Verbraucher hat. Eine starke Marke wird auch intensiv beworben, sodass der Konsument bestimmte Gefühle, Vorstellungen und Eigenschaften mit ihr verknüpft. Dieses Bild im Kopf des Konsumenten nennt man in der Fachsprache das Image einer Marke. Die Marke „steht" dann für etwas. Werbemittel, um solch ein Image zu schaffen, sind z. B. Anzeigen, Plakate oder TV-Spots. Popstars oder Fußballstars betten die Marke dann häufig in eine Erlebniswelt aus Erfolg und Spitzenleistung.

Unberührte Naturlandschaften auf Verpackungen erwecken den Eindruck, dass die Lebensmittel besonders gesund sind. Schicke Models auf Riesenpostern bringen die Marke mit Schönheit und Eleganz in Zusammenhang. Es gibt viele qualitativ hochwertige Produkte am Markt. Eine sehr gute Qualität setzt der Verbraucher bei einem Markenprodukt ohnehin voraus. Erst das Bild im Kopf der Verbraucher macht die Besonderheit im Vergleich zu konkurrierenden Marken aus. Vom Auto bis zur Kaffeemaschine über Turnschuhe bis zur Bratwurst: Ist ein positives Image beim Verbraucher verankert, nimmt er die Marke in der Angebotsvielfalt wahr. Genau damit will ein Unternehmen seine Wettbewerbsfähigkeit sichern. Denn nur wer auffällt, kann auch verkaufen. Werbung ist ein Weg, dieses Ziel zu unterstützen.

1. Nennt einige Marken, die bei euch oder euren Freunden gerade besonders angesagt sind und beschreibt, was ihr Image ausmacht.

_____

_____

_____

_____

Werbebanner der Marke „Wolfshunger" (fiktives Beispiel) auf der Website der Marke (1) sowie auf den Seiten eines Einkaufsportals (2 und 3).

2 Markenwerbung

Imagewerbung hat für Markenartikelhersteller eine große Bedeutung. Auf Seite 28 unten siehst du drei typische Werbebanner, in diesem Fall der erfundenen Marke „Wolfshunger". Unter Fachleuten bezeichnet man Werbebanner als Werbemittel (ein anderes Werbemittel wären z. B. Anzeigen oder Plakate). Das Internet bezeichnet man als Werbeträger (ein anderer Werbeträger wären Zeitungen, Zeitschriften oder das Fernsehen).

1. Arbeite am Beispiel der Werbebanner heraus, was Imagewerbung auszeichnet. Beantworte dazu die folgenden Fragen.

1. Für welche Ware wird mittels der Werbebanner geworben?	
2. An wen wendet sich die Werbung? (Zielgruppe)	
3. Ist über die Informationen in der Bannerwerbung ein Preis- und Qualitätsvergleich mit anderen Waren möglich?	
4. Was ist das Ziel der Werbung? Geht es um eine direkte Kaufbotschaft oder darum, Gefühle und Stimmungen zu vermitteln?	
5. Was zeichnet die Umgebung aus, in der die Marke dargestellt wird? Beschreibe sie stichwortartig.	
6. Welche Adjektive fallen dir ein, mit denen du die Personen in der Werbung charakterisieren würdest?	
7. Wie könnte ein beispielhafter Werbespruch für die Marke lauten? Formuliere einen Werbespruch als ergänzende Botschaft zu den Werbebannern.	

2. Überlege dir nun auf der Basis deiner Analyse eine eigene Definition für Imagewerbung.

2 Mit Markenware im Trend

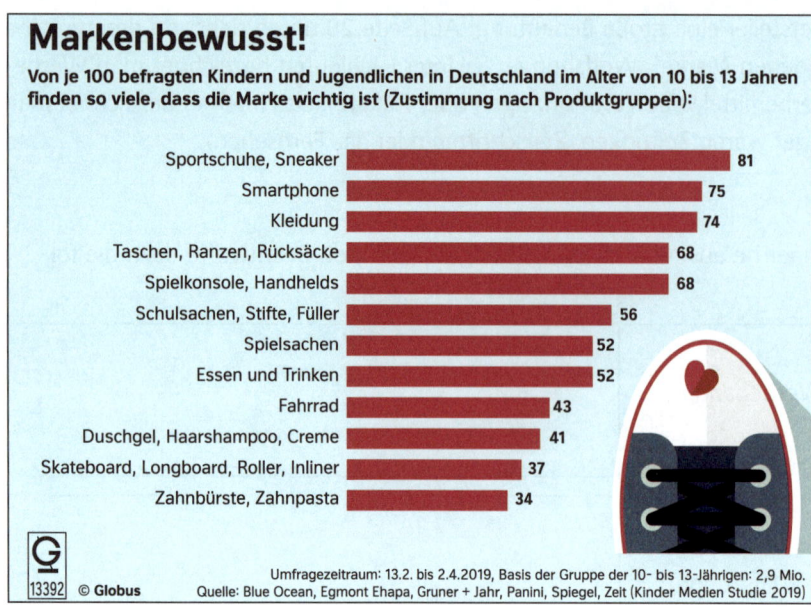

Marken haben auf den übersättigten Märkten durchaus wichtige Funktionen für die Verbraucher. Drei Aussagen verdeutlichen dies:

a) „Diese Marke passt zu mir. Damit kann ich zeigen, welches Bild ich von mir habe. Das fühlt sich gut an."

b) „Wenn ich absolut nicht weiß, was ich kaufen soll, helfen die Markenartikel. Damit ist man auf jeden Fall ‚in'."

c) „Auf die Qualität kann ich mich immer verlassen. Die ist immer einwandfrei. Null Stress!"

1. Erläutere in eigenen Worten, welche Funktion die Marken für die Konsumenten haben. Nimm Bezug auf die obigen Aussagen a), b) und c).

a) _____

_____

_____

b) _____

_____

_____

_____

c) _____

_____

_____

_____

2. Die Grafik zeigt einige Produktbereiche auf, bei denen Kindern Markenartikel wichtig sind. Überlege, wo das auch für dich zutrifft und welchen Grund es dafür gibt.

_____

_____

_____

_____

2 Mit Markenware im Trend: ein Rollenspiel

B Karlas Freundin Jette sieht man an, dass das Geld zuhause knapp ist. Sie läuft immer in den billigsten Klamotten rum. Seit einiger Zeit gerät sie in der Klasse immer mehr ins Abseits. Vor allem Smilla, die in der Klasse das Sagen hat, tuschelt und kichert mit ihren Freundinnen über den Kleidungsstil. Jette leidet darunter und mag schon kaum mehr zur Schule kommen.
Karla empfindet es als ungerecht, dass sich Smilla und ihre Freundinnen auf Kosten von Jette besser stellen. Deshalb hat sich Karla gestern mit Yomo und Tanja auf WhatsApp kurzgeschlossen. Sie werden ihr in der Pause helfen, die Lage von Jette zu verbessern.

Neulich im Mathematikbuch

Rollenspiel: Mit neuester Markenware im neuesten Trend?

Verlauf des Rollenspiels:

Schritt 1: Informationsphase
Wir lesen und besprechen die Situation.

Schritt 2: Vorbereitung
Wer möchte spielen? Wie im Theater werden die Rollen verteilt.

Schritt 3: Durchführung
Die Szene, in der gespielt werden soll, wird aufgebaut.

Schritt 4: Diskussion
Die Zuschauer sehen nicht nur zu. Sie machen Notizen, um das Spiel beurteilen zu können.

Schritt 5: Ergebnis
Das Spielgeschehen wird besprochen. Vor allem geht es um das Verhalten und die Aussagen der Spieler.

Schritt 6: Verallgemeinerung
Eine weitere Gruppe spielt noch einmal unter Berücksichtigung der Diskussion.

Schritt 7: Übertragung auf anderen Situationen
Das Spielgeschehen wird ausgewertet. Was ist aus ihm für Konfliktfälle zu lernen?

Rollenkarte Smilla
Ob in der Mode oder bei den Freizeitaktivitäten, Smilla gibt in der Klasse immer den Ton an. Smilla hat wohlhabende Eltern und eine modisch interessierte Mutter. Von Kopf bis Fuß ist sie stets top gestylt. Viele Mitschülerinnen beneiden sie darum. In ihrem Schrank hängen teils noch Klamotten mit Etikett, die schon nicht mehr gefallen. Samstags ist Smilla fast immer in der Stadt, damit sie keinen Trend verpasst. Typischer Ausspruch: „Guck mal, hab ich neu. Das konnte ich einfach nicht hängenlassen."

Rollenkarte Tanja
Tanja trägt aus Überzeugung keine Markensachen. Tanja ist sehr selbstbewusst. Ihre Kleidung gilt schon eher als Markenzeichen bei den Freundinnen denn als Anlass zum Mobbing. Sie hat einen völlig eigenen Style, für den es nicht viel Geld braucht. Sogar in Second-Hand-Läden findet sie teilweise individuelle Teile. Typischer Spruch: „Wer Marken kauft, dem fällt selbst nichts ein."

Rollenkarte Yomo
An Kleidung und Marken liegt Yomo nicht viel. Von seinem großen Cousin übernimmt er die Sachen, wenn der aus den Klamotten rausgewachsen ist oder sie nicht mehr trägt. Das findet er total praktisch. Schließlich sehen die Klamotten immer mega-cool aus und er braucht sich um nichts zu kümmern. Typischer Spruch: „Shoppen nervt. Und als Hobby geht das schon gar nicht."

Rollenkarte Karla
Für Karla ist Mobbing wegen Markenkleidung ein No-Go. Ihr Vater war schon einmal arbeitslos. Wohnen, essen, heizen, Auto, Versicherung: Karla weiß, damit kann das Geld am Ende des Monats schon alle sein. Jetzt hat sich alles wieder eingerenkt. Markenkleidung ist in ihrer Familie kein großes Thema. Nur ab und zu möchte Karla mit einem Markenprodukt Akzente setzen. Meistens hängt sie ihren Eltern dann ganz schön in den Ohren: Typischer Ausspruch: „Das haben jetzt alle. Nur ich mal wieder nicht."

2 Onlinewerbung: Beispiel Google

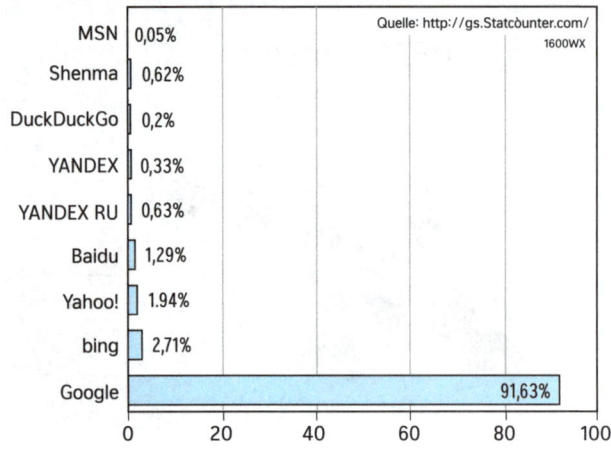

Die meistbenutzten Suchmaschinen der Welt (Februar 2018)
Quelle: http://gs.Statcounter.com/

eigentlich ständig die Jacke in einer Werbeanzeige eingeblendet?" Genau die, die ich mir angeschaut hatte. Woher wissen die das?"

Google und Facebook sind kostenlose Angebote für die Verbraucher. Aber die Betreiber bieten diese Plattformen nicht einfach an, um uns einen Gefallen zu tun. Sie verdienen auch Geld damit: Die Grundlage dafür sind die Daten der Nutzer. Mit ihnen können Unternehmen zielgenau Werbung schalten, in der Fachsprache Targeting genannt. Dabei sind die großen Internetfirmen wie Google selbst wertvolle Marken, genauso wie Apple, IBM oder Coca Cola. Wir sagen nicht mehr: „Wir suchen etwas im Internet." Stattdessen heißt es: „Ich google mal schnell." Die Suchmaschine Google hat sich so in unserem Kopf verfestigt, dass eine andere kaum mehr in Betracht kommt.

B Karla ist noch ein bisschen im Netz unterwegs. Sie muss noch was für das Geschichtereferat googeln und schaut noch schnell bei Facebook vorbei. „Das gibt's doch nicht! Wieso wird

1. Beschreibe, wo du mit Werbemaßnahmen im Internet konfrontiert wirst und um was für eine Werbung es sich handelt?

_____

_____

_____

_____

_____

I **Wie kommen die Internetfirmen eigentlich an die Daten?**
Immer, wenn wir im Netz unterwegs sind, hinterlassen wir digitale Spuren. Mithilfe sogenannter Cookies zeichnen Anbieter von Internetseiten unser Surfverhalten auf. Sie wissen dann, was uns interessiert, was wir uns angeschaut oder gekauft haben. Die Unternehmen sammeln alle unsere Daten, werten sie aus und nutzen diese Informationen dann, um gezielt ihre Produkte zu bewerben. Mittlerweile beschäftigen sich spezielle Unternehmen ausschließlich mit der Analyse unseres Surfverhaltens. Die gesammelten Informationen werden dann an die beauftragenden Unternehmen verkauft.

I **Wie funktioniert Google?**
Durch die Eingabe eines Suchbegriffes wird deutlich, wofür sich ein Nutzer interessiert. Suchst du einen neuen Rucksack und gibst „Rucksack" in die Suche ein, ist dies auch für einen Rucksackanbieter eine sehr interessante Information. Er will natürlich, dass du auf ihn aufmerksam wirst. Als Werbekunde von Google zahlt der Anbieter dafür, dass bei der Sucheingabe „Rucksack" sein Name oben oder rechts neben der Trefferliste angezeigt wird. Gezahlt wird pro Klick: Immer wenn ein Nutzer auf die Werbeanzeige des Rucksackanbieters klickt, zahlt dieser einen bestimmten Betrag an Google. Unternehmen schätzen diese Werbung sehr, weil Nutzer genau in dem Moment auf ein Unternehmen aufmerksam werden, wenn sie auch nach Produkten oder Dienstleistungen suchen.

(Weitere Informationen z. B. auf: www.surfer-haben-rechte.de und www.verbraucher-sicher-online.de)

2 Onlinewerbung: Beispiel Google

1. Wusstest du, dass Google ein Weltkonzern ist, der vielerlei Dienste anbietet, z. B. YouTube, Gmail, Google Maps? Überlege auf der Basis der Informationen auf Seite 32, welche Konsequenzen dies haben kann.

2. Die meisten Webbrowser (Programme zur Darstellung von Internetseiten) wie Microsoft Explorer oder Mozilla Firefox geben den Nutzern die Möglichkeit, die Einstellungen von Cookies selbst vorzunehmen. Untersuche, wie du in diesen beiden Browsern die Einstellung für die „Cookie"-Behandlung ändern kannst. Dazu musst du zu den Datenschutz-Einstellungen gehen. Beschreibe stichpunktartig deine Vorgehensweise.

3. Neueste Entwicklungen gehen dahin, dass Konsumenten sogar eine App auf ihrem Handy installieren können, die Einkaufstipps gibt. Diese Tipps kommen von Händlern, die Konsumgewohnheiten z. B. auf der Basis von Kundenkarten gesammelt haben. Wer diese Tipps beachtet, z. B. nur in ein Geschäft geht oder dort auch etwas kauft, erhält automatisch Rabattpunkte beim App-Anbieter. Die gesammelten Punkte können dann in den teilnehmenden Geschäften eingelöst werden.
Nimm vor dem Hintergrund solcher Entwicklungen Stellung zu der These: „Jedes Geschäftsmodell, das im Internet erfolgreich sein will, braucht Daten über die Nutzer."

2 Onlinewerbung: Beispiel Facebook

Auch bei den Anbietern von sozialen Netzwerken geht es darum, Werbekunden zu gewinnen. Je zielgenauer die Werbung geschaltet werden kann (Targeting), desto mehr müssen die Werbekunden zahlen.
Ein Redakteur vom Hessischen Rundfunk hat mithilfe von Wirtschaftsinformatikern der Technischen Universität Darmstadt einen Selbstversuch gemacht. Im Folgenden sein Bericht:

Mein Wert auf Facebook – ein Selbstversuch
13. Juni 2012
von Oliver Günther (hr-Info)

Weil ich es mir wert bin …
Ich sitze am Rechner, und schau auf die „Registrieren" Seite von Facebook – inklusive Versprechen: „Facebook ist und bleibt kostenlos".

Wenn man bei Facebook dabei sein will, dann muss man sich erst mal registrieren und genau das mache ich jetzt mal. Ich bin selber sehr gespannt, wann da zum ersten Mal die Kasse klingelt. Also ich fange an, erst mal der Name, Nachname, E-Mail-Adresse, dann der nächste Punkt: Geschlecht auswählen. OK, ich bin männlich.
Die Kasse klingelt bei Facebook jetzt, denke ich. Und: Mein Wert als Mann liegt bei 45 Cent.

Neben mir sitzt Peter Buxmann, Leiter des Lehrstuhls für Wirtschaftsinformatik der Technischen Universität Darmstadt. Ich frage den Professor: „Wie kommt diese Zahl zustande?"

Kosten fallen erst bei Klick auf Anzeige an
Seine Antwort: „Die Zahl sagt nicht, dass ein Mann 45 Cent wert ist. Denn Facebook rechnet per Klick ab. Es läuft so: Ein Werbetreibender sagt: Ich möchte eine Anzeige schalten, die alle Männer sehen können. Aber erst, wenn jemand dieser Männer auf diesen Werbebanner klickt, kostet es.

Aha. Die 45 Cent stehen sozusagen für meinen Marktwert im Zusammenhang mit einer Werbeanzeige. Was aber, wenn ich eine Frau wäre? Buxmann weiß: „Dann wären Sie für die Werbeindustrie bei Facebook ein bisschen teurer."

Ich komme zum nächsten Feld: Geburtsdatum.
Nun teilt mir Facebook – falls es mich interessiert – immerhin mit, wofür mein Geburtsdatum benötigt wird: „Dadurch soll die Authentizität der Seite und der Zugang zu altersgerechten Inhalten gewährt werden. Wenn du möchtest, kannst du diese Information in deinem Profil verbergen."

Aber offensichtlich gibt es noch einen anderen Grund … Denn mein Wert steigt jetzt: auf 50 Cent. Ich bin mir nicht sicher: Kommen diese 50 Cent jetzt auf die ersten 45 drauf? Auch das kann Buxmann erklären: „Nein, das ist nichts anderes als eine Detaillierung der Zielgruppe, also erst hatten wir die Zielgruppe männlich und dann hatten wir jetzt die Detaillierung 30 bis 50 Jahre alt, als insgesamt dann 50 Cent per Klick."

Der nächste Punkt: Freunde und Familie.
Hier gibt das Feld Beziehungsstatus, und das klicke ich mal an und gebe hier ein: verheiratet. Mein Wert steigt weiter: 54 Cent. Auch der Beziehungsstatus hat also einen Einfluss auf den Marktpreis pro Klick. Und die Zielgruppe der Verheirateten sei ein wenig teurer als die der Singles, so Buxmann.

Ich wende mich wieder meinem Profil zu, fülle zum Schluss „Interessen" aus. Hier findet man bei Facebook verschiedene Kategorien. Welche Musik gefällt mir, welches Buch, welche Filme und so weiter. Ich gehe auf Aktivitäten und Interessen und gebe an, ich sei an Unterhaltungselektronik interessiert. Ich bin gespannt: Was bin ich jetzt wert? 58 Cent!

Werbewert schwankt zwischen 50 und 70 Cent
58 Cent, das ist jetzt der potenzielle Marktpreis meiner Daten. Ich frage den Professor, wie stabil diese Zahl ist. Seine Antwort überrascht mich etwas: „Dadurch, dass die Daten jeweils in einer Auktion ermittelt werden, ist dieser Preis nicht wirklich stabil. Die Schwankungsquote ist allerdings gering. Sie liegt ungefähr zwischen 50 und 70 Cent für diese Zielgruppe."

Der Marktpreis per Klick für eine bestimmte Zielgruppe wird also durch eine Auktion ermittelt. Verauktioniert wird, weil verschiedene potenzielle Anbieter, die beispielsweise an Facebook-Nutzern interessiert sind, die Interesse für Unterhaltungselektronik haben, um diese Werbeplätze konkurrieren. Das ist wie an der Börse.

Quelle: http://blogs.hr-online.de/der-preis-des-kostenlosen/2012/06/13/mein-wert-auf-facebook-%E2%80%93-ein-selbstversuch/

2 Onlinewerbung: Beispiel Facebook

1. Erläutere auf der Basis des Textes über den Selbstversuch in eigenen Worten, was Targeting bedeutet.

_____

_____

_____

_____

_____

Auf dem Pausenhof entsteht eine angeregte Diskussion zum Thema Datenschutz, Werbung und Facebook.

Inwiefern stimmen Sie den folgenden Aussagen zum Thema Datenschutz zu bzw. nicht zu?

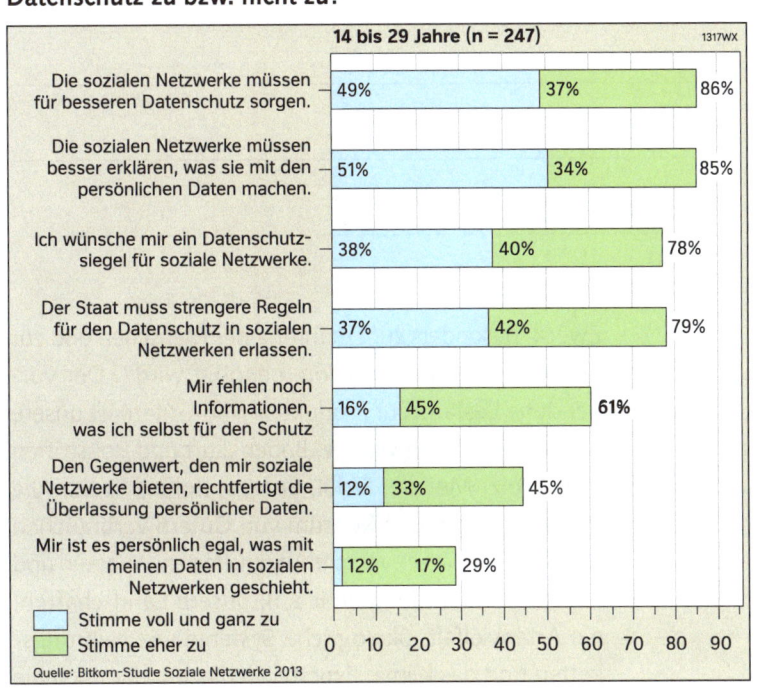

B Karla: Das passt mir einfach nicht. Jemand verdient mit meinen Daten Geld!
Timo: Bleib mal locker, dafür kannst du alles umsonst nutzen und deine Kohle für andere Dinge sparen.
Linda: Näh! Ich weiß ja nicht mal, an wen die das noch alles weitergeben. Das ist mir unheimlich!
Timo: Mädels, entspannt euch mal. Die Werbung, die ihr kriegt, interessiert euch wenigstens.

2. Im Dialog gibt es unterschiedliche Meinungen dazu, ob persönliche Daten durch Internetfirmen verwertet werden sollten. Auch die Statistik zeigt, dass hier die Meinungen auseinandergehen. Nimm eine eigene Position zu der Frage ein, ob soziale Netzwerke deine Daten zu Werbezwecken nutzen dürfen. Begründe deine Meinung.

_____

_____

_____

_____

_____

3 Nachhaltiger Konsum: die Umwelt

„So leben wir, so leben wir, so leben wir alle Tage ..."

B **Karla:** Mutti, fährst du mich eben zum Sport?
Mutter: Nee, Karla. Geh mal an die frische Luft. Und man kann ja auch mal was für die Umwelt tun.
Karla: Und du? Die Plastiktasche, die du da gerade aus dem Supermarkt mitgebracht hast, braucht im schlechtesten Fall 500 Jahre, bis sie zerfällt.
Mutter: Hm, das ist aber gar nicht gut.

I Die Weltkommission für Entwicklung und Umwelt hat schon 1987 definiert, was eine nachhaltige Entwicklung ist: Eine nachhaltige Entwicklung ist eine Entwicklung, die den Bedürfnissen der heutigen Generation entspricht, ohne die Möglichkeiten künftiger Generationen zu gefährden.

1. Erschließe, worauf der Karikaturist aufmerksam machen möchte. Verwende ein Beispiel aus dem Dialog zwischen Karla und ihrer Mutter, um deine Aussagen zu veranschaulichen.

_____

_____

_____

Der Ursprung der Nachhaltigkeit: Unser Umgang mit Wäldern

Der Begriff der Nachhaltigkeit findet seinen Ursprung in der Forstwirtschaft. Er bedeutete anfangs: „Schlage nur so viel Wald, wie durch Säen und Pflanzen wieder nachwachsen kann." Unsere Umweltprobleme, auch ökologische Probleme genannt, beziehen sich heute auf den verantwortungsvollen Umgang mit allen natürlichen Ressourcen.

Was sind natürliche Ressourcen?

Eine Ressource ist laut Duden ein „natürlich vorhandener Bestand von etwas, was für einen bestimmten Zweck, besonders zur Ernährung der Menschen und zur wirtschaftlichen Produktion, benötigt wird". Der vorhandene Bestand zur Produktion von Gütern ist unsere Natur in Form von Wasser, Boden, Luft und Rohstoffen (z. B. Holz, Metalle, Erdöl, Erdgas, Kohle). Durch die Produktion und den Konsum von Gütern verbrauchen wir Bodenschätze, verschmutzen Boden, Wasser und Luft und gefährden damit z. B. unsere Landschaften, die Artenvielfalt, ökologische Systeme wie Nahrungsketten und das Klima. Experten schätzen, dass sich die Zahl der Tierarten zwischen 1970 und 2010 weltweit im Schnitt halbiert hat.

2. Lies dir die folgenden Erklärungen für die einzelnen Ressourcen durch.

Böden: Sie dienen z. B. zum Anbau von Pflanzen für Lebensmittel oder von Baumwolle für Textilien. Auch für die Fleischproduktion gibt es einen sehr hohen Flächenbedarf für Futtermittel, z. B. Soja. Der Einsatz von Düngemitteln kann sich auf die Qualität des Grundwassers auswirken, unsere wichtigste Trinkwasserquelle. Immer mehr Platz wird für Straßen, Siedlungen und Industriegebiete benötigt. Wo Böden allerdings für Ackerflächen und Siedlungen verwendet werden, fehlt oft der Lebensraum für Pflanzen und Tiere.

Wasser: Wir brauchen Wasser, um zu leben. Täglich trinken wir zwei bis drei Liter. Wir benötigen Wasser zum Waschen und Putzen. In vielen Ländern muss das Land zum Anbau von Pflanzen bewässert werden. Mehr als 97 % des gesamten Wasserhaushalts der Erde ist allerdings Salzwasser und nur 2,5 % Süßwasser. Auf den Meeren transportieren wir Güter, wir machen Urlaub am Meer, nutzen sie als Fischgründe usw. Ein Problem ist z. B., dass jährlich bis zu 10 Millionen Tonnen Müll in die Meere gespült werden.

3 Nachhaltiger Konsum: die Umwelt

Rohstoffe: Die Plastikflasche, die CDs im Regal, Shampoo, Waschmittel, Eimer, Farben, Zahnbürste – in all diesen Produkten ist Erdöl. Aus dem Rohstoff Erdöl gewinnen wir Benzin und Diesel für unsere Autos oder Kerosin für Flugzeuge. Weitere wichtige Rohstoffe sind Erdgas und Kohle, die für die Energiewirtschaft unentbehrlich sind. Durch die Verbrennung in Kraftwerken erzeugen wir Wärme und Strom. Auch Rohstoffe wie Metalle bauen wir in der Natur ab. Wusstest du, dass allein in einem Handy über 30 verschiedene Metalle wie z. B. Kupfer oder Gold verwendet werden? All dies sind Beispiele für nicht nachwachsende Rohstoffe, die sich über Jahrmillionen in der Natur angesammelt haben und die wir unwiederbringbar abbauen. Anders verhält es sich bei nachwachsenden Rohstoffen. Holz z. B. kann durch Wiederaufforstung immer wieder neu gewonnen werden. Der Abbau der Rohstoffe verändert die natürlichen Lebensräume von Pflanzen und Tieren.

Luft und Klima: Die Luft ist lebensnotwendig für jedes Lebewesen auf der Erde. Die Lufthülle, die unsere Erde umgibt, nennen wir Atmosphäre. Sie ist ein Teil des Lebenserhaltungssystems der Erde, auch Biosphäre genannt. Durch die industrielle Produktion von Gütern, die Erzeugung von Wärme und Strom, Auto fahren oder Fliegen werden Schadstoffe frei, besonders das gefährliche Treibhausgas Kohlendioxid (CO_2). Durch intensive Düngung in der Landwirtschaft entsteht z. B. Lachgas. Rinderhaltung verursacht Methan. All diese Gase beeinflussen in der Erdatmosphäre das hochempfindliche Gleichgewicht. Es kommt zum sogenannten Treibhauseffekt, das heißt die Erde erwärmt sich und in der Folge verändert sich das Klima.

Im Zuge des Klimawandels – so ist die Sorge – beginnen die Pole abzuschmelzen, der Meeresspiegel steigt an und Extremsituationen wie Hitzeperioden und Überschwemmungen mehren sich. Die Umwelt zu schützen, ist eine Aufgabe von Verbrauchern, Unternehmen und Staat.

1. Überlege, ob es Güter gibt, die du konsumierst, die keine natürlichen Ressourcen verbrauchen.

2. Überlege, ob es Produkte gibt, die in gleicher Weise der Umwelt nutzen, als auch dem Gewinnstreben der Unternehmen dienen.

3. Die Entwicklung und das Angebot von erneuerbaren Energien werden in Deutschland von der Regierung mit Geld unterstützt. Solche Energien werden aus Quellen gewonnen, die unbegrenzt verfügbar sind wie Wind, Sonne und Wasser. Bis zum Jahr 2025 sollen 40 bis 45 Prozent des Stroms aus erneuerbaren Energien produziert werden. Auf internationalen Klimakonferenzen wird intensiv darüber diskutiert, was jedes Land der Welt zum Klimaschutz beitragen kann.
Erkläre, warum die Suche nach Lösungen auf internationaler Ebene sinnvoll ist.

3 Nachhaltiger Konsum: der ökologische Fußabdruck

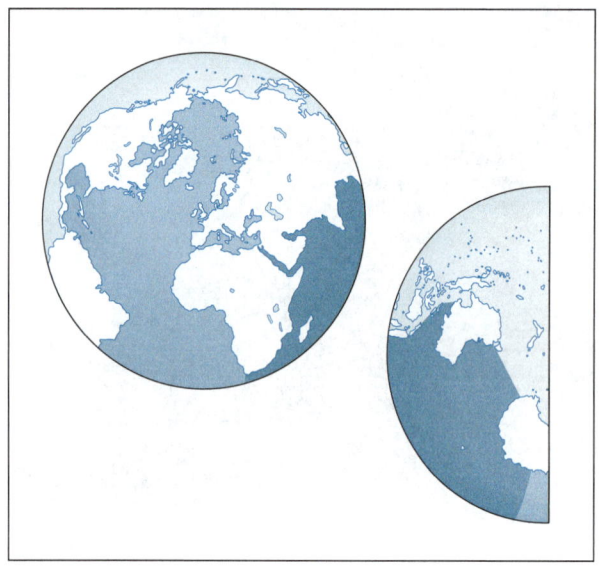

Welcher Gedanke steht hinter dem ökologischen Fußabdruck?

Unser Leben auf der Erde hinterlässt Spuren: durch das, was wir essen, wie wir uns kleiden, wie wir uns zu Hause einrichten, Energie verbrauchen, wie wir uns fortbewegen usw. Ein gewisses Maß an Naturnutzung und -verbrauch kann die Natur bewältigen. Sie kann sich regenerieren, das heißt die Böden erholen sich, Fischbestände wachsen nach, Wälder und Moore können das CO_2 binden und unschädlich machen. Wenn es aber weltweit gesehen zu einer Übernutzung der Erde kommt, z. B. durch Abholzung der Tropenwälder, Überdüngung, Überweidung, zu viel Müll und zu viel CO_2-Ausstoß, kann sich die Natur nicht mehr regenerieren. Besonders trifft dies die Länder der sog. Dritten Welt, wo z. B. immer mehr Wüsten entstehen.

Der ökologische Fußabdruck sagt uns, wie groß die Fläche ist, die die Menschheit zum Leben braucht. Es steht nicht unendlich viel Erde zum Leben zur Verfügung. Der ökologische Fußabdruck zeigt auf, ob die Erde ausreicht, um unsere gegenwärtigen Bedürfnisse zu befriedigen. Er lässt sich für die Menschheit, einzelne Länder und Personen errechnen.

> Das Maß für den Fußabdruck ist die Einheit **globaler Hektar** (gha).
> **Global** heißt „weltumspannend".

1. Erläutere diese Aussage: „Heute benötigt die Menschheit zum Leben 1,5 Erden."

_____

_____

_____

_____

Von Land zu Land unterscheidet sich der ökologische Fußabdruck. Wenn alle Menschen so leben würden wie in Deutschland, bräuchten wir 2,6 Erden. Denn unser Verbrauch liegt bei 4,56 gha pro Kopf. Deutschland hat somit einen großen Teil seines Fußabdrucks in andere Länder ausgelagert. Das heißt, wir importieren Konsumgüter, die wir selbst nicht herstellen können, aus anderen Ländern. Pflegten alle Menschen den Lebensstil eines Bewohners der USA, bräuchten wir 3,9 Erden. Menschen aus Südafrika und Argentinien benötigen nur 1,4 und 1,5 Erden.

2. Überlege, wie die Unterschiede zwischen den ökologischen Fußabdrücken der Menschen in den Ländern zustande kommen.

_____

_____

_____

_____

3 Nachhaltiger Konsum: Verbraucher im Interessenkonflikt

So schadet der Verkehr dem Klima

Diese Treibhausgase verursachen die folgenden Verkehrsmittel pro Person und Kilometer bei durchschnittlicher Auslastung in Deutschland (in Gramm CO_2-Äquivalenten*)

Verkehrsmittel	g pro Person und Kilometer
Flugzeug	211
Pkw	142
Linienbus	76
Straßen-, Stadt- und U-Bahn	71
Eisenbahn (Nahverkehr)	67
Eisenbahn (Fernverkehr)	41
Reisebus	32

* Treibhausgase tragen in unterschiedlichem Maß zur globalen Erwärmung bei. Die Menge von Methan und Distickstoffoxid wird so umgerechnet, dass sie der Menge von Kohlendioxid entspricht, welche die gleiche klimaschädliche Wirkung hätte.

Stand 2014
Quelle: Umweltbundesamt, TREMOD (März 2016) © Globus 10972

Die Deutschen reisen gerne. Mit dem Flugzeug geht es nach Spanien in den Sommerurlaub, mit dem Auto oder der Bahn zur Nordsee, mit dem Reisebus in den Skiurlaub und vieles mehr. Die Verkehrsmittel führen zu einem unterschiedlich hohen CO_2-Ausstoß. Da Flugzeuge sehr viel CO_2 direkt in die höheren Schichten der Atmosphäre ausstoßen, sind sie besonders klimaschädlich. Trotzdem sind sie aufgrund ihres Komforts und der in den vergangenen Jahren stark gesunkenen Preise sehr beliebt. Natürlich wäre der Verzicht auf eine Flugreise besser für die Umwelt. Die meisten Menschen wollen auch eine saubere Umwelt. Aber jeder weiß, dass es keinen nennenswerten Einfluss hat, wenn sich nur er oder sie allein umweltgerecht verhält. Jeder denkt: „Ich selbst verzichte und alle anderen fliegen schnell und bequem in den Urlaub." Diese Situation nennt man Dilemma (Interessenkonflikt): Was für den Einzelnen gut und bequem ist, steht dem Gesamtziel aller Menschen entgegen, dem Umweltschutz.

1. Zur Vorbereitung eines Rollenspiels erarbeitet in Gruppen Argumentationskarten für folgende Teilnehmer:

> **Linda:** Mit ihrer 4-köpfigen Familie fliegt sie erstmalig in den Sommerurlaub nach Spanien. Für sie geht ein Traum in Erfüllung. Kurze Anreise, Sonnengarantie, klares Wasser, chillen …. Linda ist im Glück.

> **Jonas:** Auf http://uba.klimaktiv-co2-rechner.de/de_DE/page hat er Linda ausgerechnet, dass sie zu viert über drei Tonnen des Treibhausgases CO_2 verursachen. Er sagt: „Andere Verkehrsmittel haben auch Vorteile, man muss nur wollen."

> **Sven:** Er vertritt die Ansicht: „Ich fliege auf jeden Fall mit meiner Familie nach Spanien. Das machen tausend andere Menschen auch. Autos, Reisebusse, Bahn, kennt ihr denn nicht die Nachteile?"

Linda	Jonas	Sven

2. Führt das Rollenspiel nach der auf Seite 31 beschriebenen Methode durch.

3 Nachhaltiger Konsum: Umwelt – Wirtschaft – Soziales

Heute weiß man, dass eine nachhaltige Entwicklung die Umwelt, die Wirtschaft und die Gesellschaft (Soziales) berücksichtigen muss.
Umwelt: Auch künftige Generationen sollen in einer intakten Natur leben können. Deshalb sollte die Umwelt nicht übernutzt werden.
Wirtschaft: Sie soll allen Menschen Wohlstand ermöglichen und gleichzeitig Ressourcen schonen.
Soziales: Menschen in allen Ländern sollen ein gutes Leben führen können: In den ärmsten Ländern müssen die Menschen zunächst überhaupt Einkommen erzielen können, um ihre Grundbedürfnisse zu befriedigen: Nahrung, Wohnung, Kleidung, Gesundheitsschutz (sauberes Wasser, Medikamente).

1. Prüft die Etiketten eurer Shirts. Nennt die Herkunftsländer und tragt sie mit Nadeln auf einer Weltkarte ein oder erstellt eine Übersicht in einer Tabelle an der Tafel.

2. Bewertet das Ergebnis in der Diskussion mit euren Mitschülern.

Umwelt, Wirtschaft und Soziales: Die Textilindustrie

Weltweite Arbeitsteilung
Die Herstellung von Kleidung, besonders das Nähen, erfordert immer noch viel Handarbeit. Solche arbeitsintensiven Produktionsschritte verlagern Unternehmen oft an Standorte, wo viele Arbeitskräfte zu niedrigen Löhnen zur Verfügung stehen, z. B. nach Bangladesch. Ein Grund ist z. B., dass das Lohnniveau in Deutschland so hoch ist, dass Unternehmen bestimmte Kleidung nicht konkurrenzfähig produzieren könnten. Die Bekleidungsindustrie bietet für viele Bangladescher, vor allem für Frauen, oft die einzige Möglichkeit, ein Einkommen zu erzielen. Die Regierung will mit den Ausfuhren die Entwicklung des Landes voranbringen und den Menschen aus der Armut helfen. Meistens nehmen die Entwicklungsländer hin, dass unter geringen Umweltstandards produziert wird. Sie wollen ihr Wachstum erhalten und fürchten, dass die Unternehmen mit ihrer Produktion abwandern, wenn sie zusätzlich viel Geld in umweltfreundliche Arbeitsprozesse investieren müssen. Abwanderungsprozesse finden immer wieder statt. Jedes Land versucht im internationalen Standortwettbewerb, seine Stärken auszuspielen und dadurch Einkommen zu erhalten.

Hoher Preis heißt nicht automatisch hohe Löhne
Ein deutscher Markenhersteller, dessen Marke für ökologische und fair produzierte Naturtextilien steht, gibt an, den Arbeitern in den Produktionsländern (neben Deutschland, z. B. Türkei, China oder Bangladesch) „existenzsichernde Löhne" zu zahlen. Bei einem T-Shirt für 19,95 Euro liegen die Lohnkosten laut Hersteller bei 1,40 Euro. Der Lohn macht also nur einen sehr kleinen Teil des Verkaufspreises aus. Andere Kostenpunkte sind z. B. die Baumwolle (in diesem Fall Bio-Baumwolle), Markenwerbung, Verkauf und Beratung. Das nachhaltige T-Shirt entspricht dem Preis eines „normalen" Marken-T-Shirts. Welche Umwelt- und Sozialstandards aber für das Marken-T-Shirt gelten, ist oft nicht ersichtlich. Teures Marken-T-Shirt, hohe Löhne, dieser Schluss ist nicht zwangsläufig richtig. Umgekehrt kann man aber davon ausgehen, dass bei einem Billig-T-Shirt für 2,50 Euro sehr niedrige Löhne gezahlt werden.

Für wenig Geld viel kaufen
Billigketten sind beliebt. Wenn ein T-Shirt 2,50 Euro kostet, können auch Jugendliche öfter mal etwas Neues ausprobieren. Bei dem Preis sind Fehlkäufe zu „verschmerzen". Kritiker sprechen von schnelllebiger Massenware, deren Wert vom Verbraucher nicht geschätzt wird. Sie argumentieren, dass häufiges Wegwerfen und Neukaufen jede Menge Ressourcen verbraucht.

Unternehmen wollen ihren Ruf erhalten
In Bangladesch gab es in den vergangenen Jahren immer wieder tragische Unglücke in Fabriken. Damit wollen die Unternehmen hierzulande nicht in Zusammenhang gebracht werden, es würde ihren Ruf schädigen. Die Mitgliedschaft in bestimmten Organisationen, Siegel und Prüfzeichen sollen dem Verbraucher Sicherheit geben.

3 Nachhaltiger Konsum: Umwelt – Wirtschaft – Soziales

Initiative Fair Wear Foundation: Hersteller, die sich dieser Initiative anschließen, verpflichten sich auf menschenwürdige Arbeitsbedingungen im gesamten Produktionsprozess und auf faire Löhne für die Arbeiter zu achten. Solche Löhne reichen aus, um die Grundbedürfnisse abzudecken und enthalten einen Betrag zur freien Verfügung. Die Kennzeichnung der Mitgliedschaft ist aber kein Gütesiegel, das bescheinigt, dass in der ganzen Zulieferkette bereits alle Sozialstandards erfüllt sind.

Global Organic Textile Standard (GOTS): Dieses Siegel wird nur für Textilprodukte vergeben, die zu mindestens

70 % aus biologisch erzeugten Naturfasern bestehen. Der GOTS-Standard definiert Anforderungen an eine umwelt- und sozialverantwortliche Fertigung vom Anbau bis zum fertigen Produkt.

OEKO-TEX® Standard 100: Hierbei handelt es sich um ein Prüfzeichen für schadstoffgeprüfte Textilien. Die Prüfungen sollen gewährleisten, dass Textilprodukte aller Art gesundheitlich unbedenklich sind. Ökologisch angebaute Naturfasern sind keine Voraussetzung. Der Standard sagt nichts über die Herstellungsbedingungen aus.

1. Die Umwelt, die Wirtschaft und das Soziale sind teils schwer miteinander vereinbar. Erläutere dies an einem Beispiel aus dem Text über die Textilindustrie auf Seite 40.

2. Erläutere, warum ein hoher Preis nicht automatisch auch heißt, dass hohe Löhne gezahlt werden.

3. Ermittle anhand der drei beispielhaften Produktkennzeichnungen, welche Probleme es gibt, wenn man als Verbraucher auf nachhaltig hergestellte Textilien umsteigen möchte.

4. Diskutiert, wie ihr im Bereich Bekleidung euer Einkaufsverhalten nachhaltig gestalten könnt.

3 Nachhaltiger Konsum: Umwelt – Wirtschaft – Soziales

1. Erstelle ein Plakat mit Ideen, wie du in Zukunft im Alltag nachhaltig handeln möchtest. Beachte dabei besonders die Umweltaspekte. Fragen können sein: Was kannst du z. B. beim Einkauf von Lebensmitteln, Textilien oder auch technischen Produkten beachten? Wie kannst du Müll einsparen? Wie kannst du mit Strom und Wärmeenergie sowie Trinkwasser sparsam umgehen? Wie kannst du Abgase vermeiden? Nimm in das Plakat auch die Hemmnisse auf. Was könnte dich daran hindern, einen nachhaltigen Lebensstil zu führen?

3 Nachhaltiger Konsum: Projekte

Das Thema Nachhaltigkeit bietet vielerlei Möglichkeiten für euch, mithilfe der Projektmethode ein Problem aufzugreifen, euch Ziele zu stecken und im Projektteam Wege zu erarbeiten, dieses Problem zu lösen. Zwei Vorschläge findet ihr auf dieser Seite. Entscheidet zusammen mit eurem Lehrer, ob euch diese Themen zusagen oder ihr euch eher für etwas anderes interessiert.

Eine Übersicht, wie die Projektmethode durchgeführt wird, findet ihr auf Seite 72.

Energie in unserem Alltag

Kann das noch jemand gebrauchen?

Energiescout – wir spüren Energiefallen auf

Projektvorschlag 1
Wir brauchen Energie, um angenehm leben zu können – zum Beispiel um im Internet zu surfen, unser Zimmer zu heizen, Fernsehen zu schauen. Auch für die Herstellung unserer Nahrung oder Kleidung wird viel Energie benötigt. Wir spüren auf, wo wir überall Energie benötigen, wann wir mit dem Energieverbrauch unsere Umwelt beeinflussen und wo wir in unserem Leben überall Energie sparen können.
Die Informationen stellen wir zusammen und stellen sie unseren Mitschülern vor, z. B. in einer Ausstellung, in Form von Experimenten, selbst erstellten Videos oder Ähnlichem.

Zusammenarbeit mit anderen Fächern:
– Naturwissenschaften: Energiequellen, CO_2-Bilanzen, Energieexperimente

Teilen, wiederverwerten, verschenken, versteigern – unsere Schule ist dabei

Projektvorschlag 2
Wir entwickeln Vorschläge für die Schülerinnen und Schüler unserer Schule, wie sie nachhaltiger konsumieren können. Die Dinge länger nutzen, Abfall vermeiden – das ist unsere Zielsetzung. Aber wie kommen Angebot und Nachfrage am besten zusammen und welche Produkte sind dafür überhaupt geeignet? Welche Märkte haben welche Vor- und Nachteile. Sollte man gleich mehrere Märkte besuchen? Wir holen Meinungen ein, sammeln Erfahrungen und wägen ab, welcher Markt geeignet sein kann. Für unsere Idee entwickeln wir ein Konzept und setzen dieses in die Tat um.

Zusammenarbeit mit anderen Fächern:
– Religion/Ethik: Lebensziele und Lebensstile
– Medien: Tauschbörsen/Auktionsportale

1. Überlege, welche Vorteile für dich persönlich damit verbunden sein können, ein Thema mithilfe der Projektmethode zu bearbeiten.

_____

_____

_____

4 Wann zum eigenen Girokonto?

Art der Leistung	Alter zwischen 7 und 18 Jahren	Über 18 Jahre	Beachte Folgendes
Girokonto	mit Zustimmung der Eltern	ja	
Dispositions-kredit	mit Zustimmung der Eltern und des Vormundschaftsgerichts	ja	Die Zinsen, wenn du überziehst, können sehr hoch sein.
Sparkonto	mit Zustimmung der Eltern	ja	Als Geldrücklage zu empfehlen. In der Regel zwei Monatseinkommen.
Kredit	mit Zustimmung der Eltern und des Vormundschaftsgerichts	ja	Zinsen und Tilgung sind zu berücksichtigen.
Versicherungen	mit Zustimmung der Eltern	ja	

B Immer wieder hört Karla (14 Jahre) von ihren Freundinnen, dass diese ein eigenes Girokonto besitzen. Welch eine Schande! Warum darf sie noch kein eigenes Konto haben? Ihre Eltern erlauben es noch nicht – dies sei noch zu früh. Immer zu früh und immer alles später – so die Eltern. Karla ist verärgert und denkt sich: „Dann muss ich selbst tätig werden." Doch schnell ergeben sich bei Karla die ersten Fragen.

Spätestens mit Beginn einer Ausbildung wird ein Konto aber unverzichtbar, denn die Ausbildungsvergütung wird in der Regel bargeldlos über ein Konto ausgezahlt. Jugendkonten, auch während der Ausbildung, sind Guthabenkonten und dürfen nicht überzogen werden, solange die Person noch nicht volljährig ist.

Jugendliche, die ein eigenes Konto eröffnen möchten, benötigen die Zustimmung beider Elternteile. Damit man sich ausweisen kann, wird ein Personalausweis, ein Reisepass oder aber die Geburtsurkunde benötigt. Mit diesen Dokumenten und der Zustimmung der Eltern kann man sich ein Kreditinstitut, eine Sparkasse oder eine Bank für die Kontoeröffnung frei auswählen.
Für ein eigenes Konto ist ein Antrag auf Kontoeröffnung auszufüllen. Dabei ist auch eine Unterschriftsprobe zu leisten – und so wird man zum Inhaber eines Girokontos.

Wann zum eigenen Konto?
Den Antrag auf Kontoeröffnung und weitere Leistungen und Arten von Konten kann Karla leider nicht allein, also ohne Zustimmung der Eltern, abschließen. Oben siehst du, wann was möglich ist.

Grundsätzlich gilt:
Etwa ab dem 14. Lebensjahr bietet sich für Jugendliche ein Girokonto an. Manche Eltern erlauben ihren Kindern auch schon früher – ca. ab 12 Jahren – ein eigenes Konto.

1. Beschreibe die Tabelle mit eigenen Worten.

___
___
___
___
___
___
___

4 Wo zum eigenen Girokonto?

Wo kann Karla sich am besten beraten lassen?
Zur Auswahl stehen:
1. Im Internet (online) also eigenständig durch Internetrecherche.
2. Persönliche Beratung vor Ort. Doch welche Bank ist am besten geeignet? Wo liegen die Unterschiede bei den Anbietern?
3. Bei einer unabhängigen Institution, z.B. einer Verbraucherberatungsstelle.

Welche Finanzprodukte nutzen junge Leute?
Von den 14- bis 24-Jährigen besitzen:
- Girokonto: 83%
- Sparbuch: 67%
- Girocard (ec-Karte): 60%
- Bausparvertrag: 24%
- Festgeld, Tagesgeld: 19%
- Kreditkarte: 17%
- Aktien, sonstige Wertpapiere: 10%

Quelle: Bankenverband/GfK, 2012   1318WX

B Karla ist unschlüssig. So viele Möglichkeiten, so viele Informationen und so viele Anbieter. Systematisch will sie sich mit der Frage befassen, indem sie jeweils die Vor- und Nachteile gegenüberstellt.

1. Internet:
Vorteile der Beratung im Internet:
– unabhängige Beratung (unabhängig von Zeit, Ort und Anbieter)
– kostenlos (ggf. fallen Kosten für das Internet an)
– schnelle Informationsbeschaffung

Nachteile der Beratung im Internet:
– kein persönliches Gespräch möglich
– ggf. fallen Kosten an
– Lieferung erfolgt in der Regel mit etwas Zeitabstand.

2. Persönliche Beratung vor Ort:
Vorteile der Beratung:
– persönlicher Kontakt zum Bankberater
– Fragen können direkt vor Ort geklärt werden.

Nachteile der Beratung:
– ggf. fallen Kosten für Beratung an
– zeitaufwendig

3. Bei einer unabhängigen Institution:
Vorteile:
– unabhängiger Überblick über Anbieter mit Auflistung von Vor- und Nachteilen
– Vergleichsangebote können eingeholt werden.

Nachteile:
– Beratungsgespräch ist ggf. mit Kosten verbunden.

B Wie soll Karla vorgehen? Für eine der drei Varianten kann sie sich jedoch nicht entscheiden – dessen ist sie sich sicher. Am sinnvollsten erscheint es ihr, alle drei Möglichkeiten in Anspruch zu nehmen.
Neben der persönlichen Beratung vor Ort entschließt sie sich, eigenständig im Internet zu recherchieren, um einen Überblick zu erhalten. Ausgestattet mit Informationen will sie sich vor einer endgültigen Entscheidung bei einer Verbraucherberatungsstelle Rat holen.

1. Zähle weitere Vor- und Nachteile der drei Informationsmöglichkeiten auf und begründe, für welche Lösung du dich entscheiden würdest.

Beratung im Internet	Persönliche Beratung vor Ort	Bei einer unabhängigen Institution

4 Wie zum eigenen Girokonto?

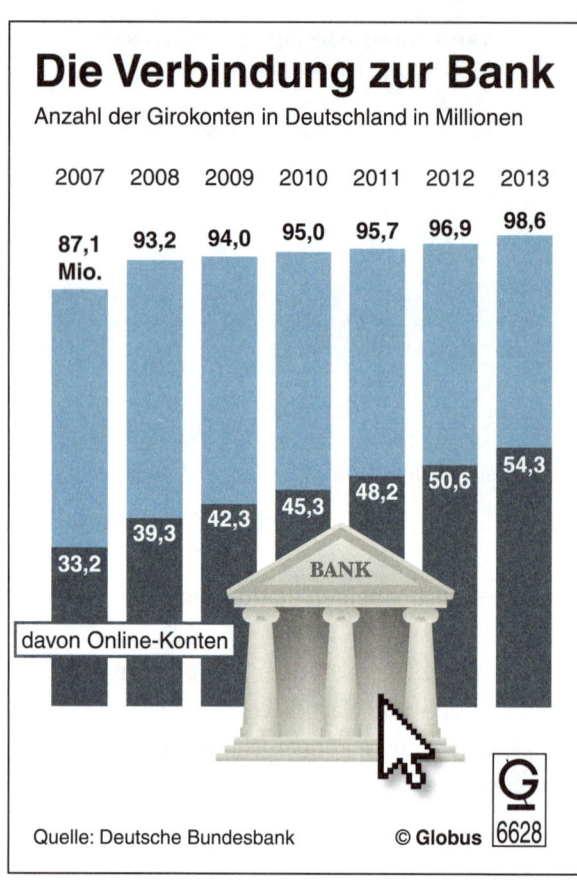

B Karla holt sich einen Termin in einer Verbraucherberatungsstelle in ihrer Stadt. Obwohl die Beratung eventuell etwas kostet, ist sie bereit, dafür Geld auszugeben.
Sie erfährt, dass bei der Informationsbeschaffung für ein Girokonto folgende Faktoren wichtig sein könnten.

Faktoren für die Auswahl eines Girokontos:
– Kosten der Kontoführung (kostenloses Girokonto, Girokonto mit Pauschalpreis oder Girokonto mit Grundgebühr und Einzelposten)
– Anzahl und Art der Karten für das Konto
– Kosten für Konto und Kreditkarten
– Kundenservice (persönlich oder online)
– Guthabenzinsen (ggf. Überziehungszinsen)
– weitere Gebühren
– Möglichkeit zum Online- und Mobile-Banking
– Guthaben- und Überziehungszinsen/Dispozinsen
– Automatennetz (Wo kann ich überall Geld abheben?)

Karla ist beeindruckt, was es alles zu beachten gibt.

1. Beschreibe die Grafik mit eigenen Worten. Erläutere, warum zum einen die Anzahl der Konten insgesamt und zum anderen die Anzahl der Onlinekonten gestiegen ist.

2. Ergänze weitere Faktoren, die dir bei einem Girokonto wichtig sind.

3. Aussage von Karlas Mutter: „Was für ein Theater für die Auswahl eines Kontos. Sprich mal mit Vater: Wir haben seit 25 Jahren bei einer Bank ein Konto. Für die ganze Zeit, die du mit der Suche verbringst, kannst du 10 Konten eröffnen!" Nimm Stellung dazu.

4 Alles Konto oder was?

Heutzutage ist ein Konto mit vielen Zusatzleistungen und Funktionen ausgestattet. Je nach Bank und Anbieter unterscheiden sich Leistungen. Daher ist es wichtig, sich im Vorfeld genau zu informieren. Denn manche Leistungen sind mit Kosten verbunden.

In der Regel gehört zum Girokonto immer eine Kundenkarte. Bei Sparkassen heißen diese Karten Sparkassencard.
– Mit der Kundenkarte können Kontoauszüge am Kontoauszugsdrucker gedruckt, Überweisungen am Überweisungsterminal getätigt oder Geld am Geldautomaten abgeholt werden.
– Mit der Karte kann auch bargeldlos gezahlt werden.

Bei diesen sogenannten Lastschriftverfahren gibt es zwei Möglichkeiten.
Entweder zahlt man mit der Karte und der PIN, der persönlichen Geheimzahl zur Karte. Oder mit der Karte und einer Unterschrift. Bei diesen Verfahren wird einem Händler (z. B. einem Onlinehändler) einmalig die Erlaubnis erteilt, den Rechnungsbetrag vom Konto abzubuchen, d. h. vom Konto einzuziehen.
Aber hier ist Vorsicht geboten, denn: Ohne Guthaben auf dem Konto erfolgt keine Zahlung. Daher ist vor der Nutzung der Karte für bargeldlose Zahlungen der Kontostand zu prüfen, denn der Betrag wird zeitnah vom Konto abgebucht.

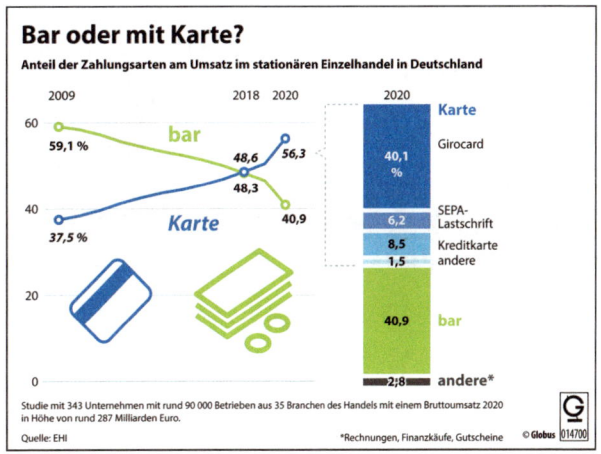

– Ebenso verhält es sich bei Überweisungen. Rechnungen können per Überweisung nur dann vom Konto erfolgen, wenn ausreichendes Guthaben vorhanden ist.

Etwas anders ist es bei den Kreditkarten. Zahlungen per Kreditkarte werden nicht sofort vom Konto abgebucht, sondern in der Regel einmal monatlich in einer Gesamtsumme. Zwischenzeitlich sammelt die Kreditkartengesellschaft alle Zahlungen des Monats und belastet das Kundenkonto dann mit einem Gesamtbetrag. Die Kreditkartengesellschaft gewährt ihren Kunden damit einen Zahlungsaufschub bzw. einen Kredit. Achtung: Da Jugendliche keinen Kredit erhalten, erhalten sie in der Regel auch noch keine Kreditkarte.

1. Erläutere, für welche Zahlungen das Lastschriftverfahren geeignet ist. Nenne zwei Beispiele.

_____
_____
_____
_____

2. Beschreibe mit eigenen Worten die Abbildung „Bar oder Karte?". Überlege, welche Zahlungsmöglichkeiten für dich am ehesten infrage kommen.

_____
_____
_____
_____

4 Vorsicht Kostenfallen: Schutz vor zusätzlichen Kosten

EC-Karte

B Vorsicht mit dem Girokonto!

Karlas Wunsch ist es natürlich schon, ein eigenes Girokonto zu haben, damit sie besser ihre Finanzen planen kann. Sie möchte ihr Taschengeld und Geburtstagsgeld dort einzahlen und bei Bedarf sich auch mal im Laden mit der Kundenkarte für das Konto eine neue Hose zulegen.

Da sie minderjährig ist, das weiß Karla, wird ihr Konto auf Guthabenbasis geführt. Sie darf ihr Konto nicht überziehen und keine Schulden machen. Aber wie ist es, wenn sie die neue Hose im Laden mit Karte bezahlt, und es ist nicht genug Geld auf dem Konto?

Wenn Karla mit der Karte bezahlt, obwohl sie weiß, dass nicht genug Geld auf dem Konto ist, riskiert Karla unnötige Gebühren. Die Abbuchung auf dem Konto, z. B. für die neue Hose, wird Karlas Bank nicht einlösen. Die Lastschrift wird sozusagen „zurückgegeben". Für diesen Vorgang berechnet die Bank Karla Gebühren. Und nicht nur das: Im schlimmsten Fall kann sie auch eine Anzeige wegen Betrugs erhalten.

Daher die Empfehlung:
Vor jedem Einkauf den Kontostand prüfen!

Vorsicht bei der Geldkarte!
In der Regel werden die Kontokarten mit einem zusätzlichen Chip – dem Geldkartenchip ausgestattet.
Dieser Chip ist wie Bargeld zu nutzen, bietet aber viele weitere Funktionen:

Der Chip auf der Karte, der Geldkartenchip, kann mit bis zu 200 Euro am Geldautomaten aufgeladen werden. Mit diesem Geld lassen sich dann kleinere Beträge, wie Briefmarken am Briefmarkenautomaten oder zum Einlösen eines Bus- oder Bahntickets am Ticketautomaten verwenden.
Die Chipkarte funktioniert sozusagen als „elektronische Geldbörse", da kleinere Summen von diesem Chip beleglos bezahlt werden können – sozusagen als Bargeldersatz.

Doch Achtung:
Da die Zahlung mit der Geldkarte beleglos und ohne PIN und Unterschrift erfolgt, kann man bei einem Verlust der Karte das aufgeladene Guthaben/Geld verlieren. Wer die Karte verliert, verliert automatisch auch das damit verbundene Geld, welches auf dem Chip gespeichert ist.

1. Erläutere mit eigenen Worten, wie eine Geldkarte funktioniert und welche Vorteile sie hat.

_____
_____
_____
_____
_____
_____
_____

4 Internetrecherche: Wie informiere ich mich richtig?

Ganz gleich, wo ich mich informiere – z. B. für ein Girokonto, so ist es wichtig, sich richtig zu informieren. Doch wie informiere ich mich richtig?

Unser Ausgangsbeispiel war:
Karla sucht nach einem Girokonto.

Die Fülle an Inhalten und Hinweisen macht es oft schwierig, daraus die nützlichen Informationen zu finden. Wichtig ist eine gezielte Vorgehensweise. Egal, ob dies bei einem persönlichen Gespräch oder bei einer eigenen Internetrecherche erfolgt: Damit spart man sich viel Zeit und Mühe.

1. Vorbereitung eines Gesprächs
Vor einem Gespräch mit einem Berater macht euch Gedanken, was ihr genau sucht.
– Zu welchem Thema wollt ihr Informationen erhalten? Zum Beispiel zum Girokonto.
– Notiert euch Stichworte auf einem Zettel.
– Nehmt den Stichwortzettel mit in das Gespräch mit dem Berater und lasst euch alle Fragen nach und nach beantworten.

2. Durchführung einer Internetrecherche
Sofern die genaue Internetadresse einer möglichen Informationsquelle nicht bekannt ist, helfen Suchmaschinen (z. B. www.google.de, www.yahoo.de, www.bing.de). Die Treffer bekommt man übersichtlich angezeigt.
Dazu noch einige Tipps:
Im Internet kann es leicht passieren, dass man sich ablenken lässt. Konzentriert euch genau auf eure Fragestellung.

Um bei einer Suchmaschine möglichst hilfreiche und sinnvolle Treffer angezeigt zu bekommen, sollten möglichst genaue Begriffe eingegeben werden (z. B. „Jugendgirokonto" anstatt nur „Konto"). Ihr könnt auch mehrere Begriffe hintereinander eingeben und mit einem „+" versehen, dann gelangt ihr zu genaueren Treffergebnissen. Ein Beispiel:
Jugendgirokonto + kostenlos + Kundenkarte

3. Auswertung
Ganz gleich, ob die Auswertung eines persönlichen Gesprächs oder bei einer Internetrecherche erfolgt. Wichtig ist, wichtige und sinnvolle von unwichtigen und sinnlosen Informationen zu unterscheiden. Schließlich kann jede Person Material ins Internet einstellen. Klärt deshalb folgende Fragen, bevor ihr die Informationen verwendet:
– Wer hat das Material verfasst?
– Wie ist die Quelle zu bewerten?
– Welche Interessen werden vom Anbieter der Informationen generell vertreten?

Raum für Stichworte:

_____

_____

_____

_____

_____

_____

4 SEPA-Zahlungsverkehr

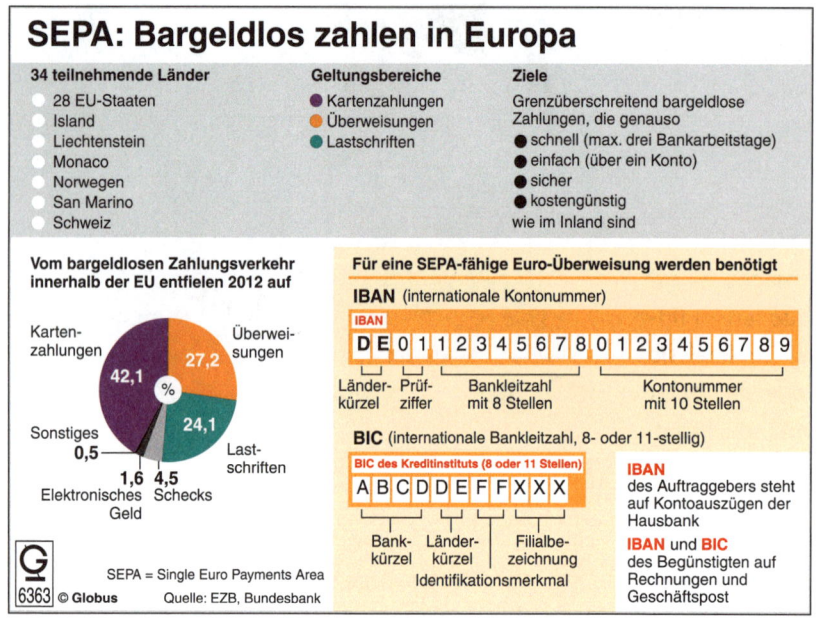

Da der Pullover in der Stadt nicht wiederzufinden war, hat Karla ihn letztendlich doch im Internet bestellt. Nun plagt sie sich mit der Rechnung rum: 49,90 Euro muss sie überweisen.

Jetzt gibt es auch noch das SEPA-Verfahren – davon hat Karla gehört. Aber es stellt sich noch die Frage, ob sie die Überweisung direkt bei der Bank tätigt oder online!

In Deutschland und in Europa gelten für den Zahlungsverkehr einheitliche Regeln – diese sind durch das SEPA-Verfahren festgelegt. SEPA steht für „Single Euro Payments Area". Damit können bargeldlose Zahlungen ins Ausland genauso schnell, einfach, sicher und kostengünstig wie im Inland getätigt werden (siehe Grafik).

B Immer wieder schlendert Karla suchend durch die Stadt – nach einem ganz bestimmten Pullover. Den Pullover hat sie irgendwo gesehen, aber dann wieder aus den Augen verloren. Immer noch hat Karla diesen Pullover vor Augen und weiß ganz genau, wie dieser aussieht.

1. Beschreibe, für welche Länder SEPA bestimmt ist und kläre den Unterschied zwischen IBAN und BIC.

___

2. Erläutere, welche Ziele mit SEPA verfolgt werden.

___

4 SEPA-Zahlungsverkehr

B Wenn Karla – ganz gleich, ob per klassischem Überweisungsauftrag oder online – den Pullover per Rechnung bezahlen möchte, erfolgt dies mit einem SEPA-Überweisungsauftrag.

Überweisungen sind für einmalige Zahlungen wie Rechnungen für eine Waschmaschine oder ähnliches geeignet. So auch zum Bezahlen einer einmaligen Rechnung für den Pullover. Für die Bezahlung gibt der Zahlungspflichtige den Auftrag an die Bank, von seinem Girokonto einen Betrag an einen Zahlungsempfänger zu überweisen.

Auf dem SEPA-Überweisungsauftrag ist der Name (Vor- und Zuname) des Zahlungspflichtigen, seine IBAN und der zu zahlende Betrag sowie der Name und die IBAN des Empfängers einzutragen. Bei internationalen SEPA-Überweisungen muss die BIC (internationale Bankleitzahl) zusätzlich mit angegeben werden.

Karla Meyer hat für ihren Pullover eine Rechnung mit den folgenden Informationen erhalten. Den Pullover hat sie bei dem deutschen Unternehmen „Pullover-Online GmbH" bestellt.

Zahlungsempfänger:
Pullover-Online GmbH

IBAN: DE 43280900786379163344
BIC: HAREDEB4XXX
Betrag: 49,90 Euro
Rechnung. Nr.: 5372
Kunde: 4478

1. Beschreibe, welche Daten für einen SEPA-Überweisungsauftrag notwendig sind. Hilf Karla und fülle den Überweisungsauftrag mithilfe der Musterüberweisung (siehe oben) für sie aus.

_____

_____

_____

_____

51

4 Was ist ein Kaufvertrag?

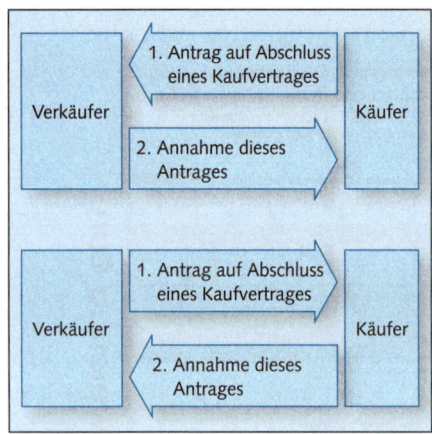

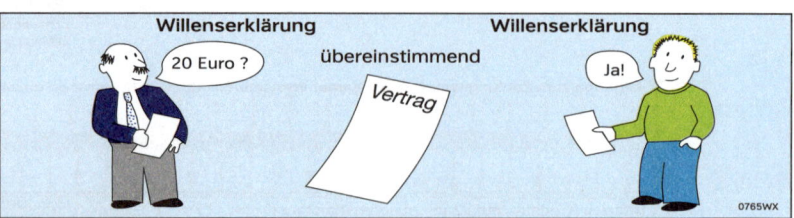

B Karla kauft den Pullover und überlegt, ob dabei bereits ein Kaufvertrag zustande gekommen ist. Doch was ist ein Kaufvertrag?
Beim Kaufvertrag gibt es zwei Partner, den Käufer (hier: Karla) und den Verkäufer (Herr Müller von der Pullover-Online GmbH).
Der Verkäufer (Herr Müller) stellt ein Angebot an den Käufer (Karla) für den Kauf eines Pullovers. Karla nimmt das Angebot an.
Karla und Herr Müller haben damit jeweils eine Willenserklärung abgegeben. Karla möchte einen Pullover kaufen, Herr Müller möchte einen Pullover verkaufen. Auf diese Weise sind zwei übereinstimmende Willenserklärungen abgegeben worden.

1. Phase des Kaufvertrages:
Zwei übereinstimmende Willenserklärungen.

2. Phase des Kaufvertrages:
Die Willenserklärungen werden erfüllt (Erfüllungsgeschäft).

Käufer (Karla) und Verkäufer (Herr Müller) haben den versprochenen Willen nun auch zu erfüllen. Man spricht vom Erfüllungsgeschäft. Das heißt, dass Herr Müller den Pullover an Karla liefert. Karla hat die Pflicht, die Ware zu bezahlen. Dadurch ist ein Kaufvertrag zustande gekommen.

1. Benenne die beiden Phasen des Kaufvertrages. Erkläre mit eigenen Worten die Merkmale der beiden Phasen und stelle den Unterschied heraus.

___
___
___
___
___
___
___
___

4 Gewährleistung und Garantie

B Damit sie keine Überraschungen erlebt, schaut Karla sich den Kaufvertrag genau an. Ein Kaufvertrag hat folgende Merkmale:

- **Vertragsfreiheit/Kauffreiheit:**
  Es muss eine freie Entscheidung sein, ob eine Ware gekauft wird oder nicht.
- **Form des Kaufvertrages:**
  Der Vertrag kann mündlich, schriftlich oder formlos erfolgen.

Durch den Kaufvertrag erwirbt Karla auch Rechte, falls die Ware mangelhaft sein sollte. Besonders wichtig sind die Folgenden:

Gewährleistung:
Durch eine Gewährleistung, die der Verkäufer durch den Kaufvertrag übernommen hat, muss Herr Müller für einen Mangel an der Ware einstehen.

Nacherfüllung:
Karla hat das Recht auf Nacherfüllung. Ist die Ware defekt (z. B. beim Kauf eines technischen Gerätes), kann sie eine Neu- oder Ersatzlieferung verlangen. Oder Herr Müller beseitigt den Schaden oder repariert diesen (Nachbesserung).

Garantie:
Im Unterschied zur Gewährleistung, die gesetzlich vorgegeben ist, gibt es auch Verkäufer, die eine Garantie aussprechen. Eine Garantie ist eine freiwillige Leistung des Händlers, z. B. Sachmängel in einem benannten Zeitraum zu beheben. Die Garantiedauer bestimmt der Händler selbst.

I Die AGB sind vorformulierte Vertragsbedingungen, die allgemein für alle Verträge/Lieferungen und Leistungen gelten. In den AGB stehen Informationen zum Kaufvertrag, zu Preisen oder zum Datenschutz. Auch die Gewährleistung ist darin geregelt. Die sogenannten AGB muss ein Käufer beim Kaufvertrag akzeptieren, bzw. akzeptiert er diese automatisch, falls er Ware direkt in einem Geschäft kauft.

1. Erkläre den Unterschied zwischen Gewährleistung und Garantie.

_____

_____

_____

_____

2. Zähle auf, welche Rechte der Käufer beim Kaufvertrag hat. Beschreibe die einzelnen Rechte.

_____

_____

_____

_____

5 Der Wert des Geldes

Sparfähigkeit: Karla muss mehr Geld zur Verfügung haben, als sie zum Leben benötigt. D.h., sie muss in der Lage sein, zu sparen.

Sparwillen: Grundsätzlich muss Karla bereit und motiviert sein, auf Konsum zu verzichten.

Für das Sparen kann es unterschiedliche Gründe geben:
- **Sicherung der Zahlungsfähigkeit:**
  Auch Privatpersonen müssen sicherstellen, dass sie immer „liquide" sind, um die regelmäßigen Ausgaben zahlen zu können.
- **Sicherung gegen „Unerwartetes":**
  Hier gilt es zu sparen, um für unerwartete Ausgaben oder auch gegen Rückschläge finanziell gewappnet zu sein. Zum Beispiel für Unfall, Arbeitslosigkeit oder auch unerwartete Reparaturen.
- **Anschaffung langlebiger Konsumgüter:**
  In der Regel können langlebige Konsumgüter (wie Autos oder Möbel) nicht aus dem laufenden Einkommen bezahlt werden. Die Ausgaben müssen entweder vorher angespart oder über einen Kredit finanziert werden.
- **Altersvorsorge:**
  Um auch im Alter finanziell abgesichert zu sein, legen viele Menschen einen Teil ihres Einkommens als „Altersvorsorge" zurück.

B Karla hat mal wieder zwei Fliegen mit einer Klappe geschlagen. Jetzt im Dezember kann sie ihren 16. Geburtstag feiern. Und nun steht auch noch Weihnachten vor der Tür – ein toller Monat. Die Aussicht auf zahlreiche Geschenke und ein wenig „extra" Taschengeld ist hervorragend. Doch dieser finanzielle „Wonnemonat" hat auch seine Schattenseiten. Karla ist sich durchaus bewusst, dass nach dem „geschenkreichen" Dezember wieder über viele Monate eine „finanzielle Durststrecke" wartet. Daher muss sie nun gut mit dem Geld haushalten. Doch was ist zu tun?

Für Karla, wie für alle anderen Sparer, sind bestimmte Voraussetzungen zu treffen, damit Geld gespart werden kann.

1. Beschreibe, warum es für Karla (16 Jahre) notwendig sein könnte, bewusst mit Geld umzugehen.

_____
_____
_____
_____

2. Erläutere die Gründe für das Sparen. Prüfe anschließend, welche Gründe für Karla (16 Jahre) relevant sind.

_____
_____
_____
_____
_____
_____

5 Der Wert des Geldes

B Bei Karla sieht es im Monat Dezember trotz der zusätzlichen Einnahmen durch Geburtstags- und Weihnachtsgeld finanziell nicht ganz rosig aus. Die äußeren Einflüsse sorgen dafür, dass dieses Geld schon im Vorfeld verplant war. Dabei hat sie auch manches Mal daran gedacht, dass Sparen sich für sie nicht lohnt. Aber wie kann so etwas überhaupt sein?

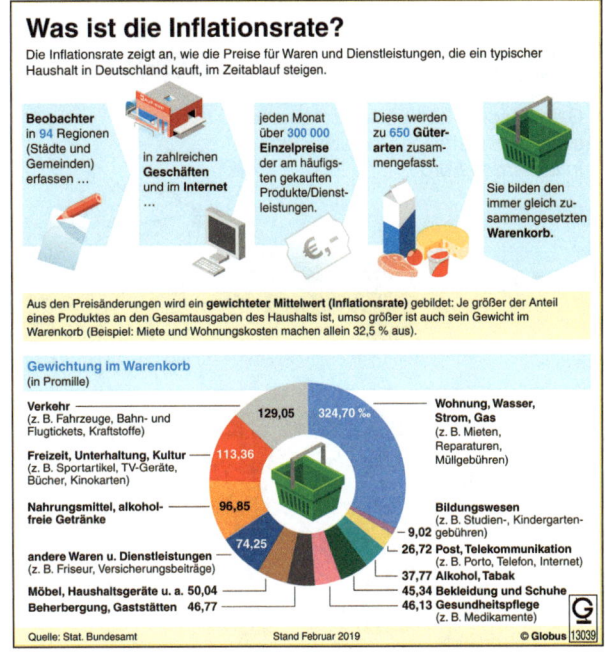

Verschiedene Einflüsse wirken auf die Höhe und die Art des Sparens ein:

- **Die Höhe des Einkommens:**
  Im Allgemeinen besteht die Tendenz, dass mit steigendem Einkommen auch mehr gespart wird. Denn es wird unterstellt, dass die gesamten Einnahmen nicht für sogenannte Existenzbedürfnisse ausgegeben werden.
- **Die Höhe der Zinsen:**
  Bei steigenden Zinsen nimmt der Nutzen des Sparens zu. Bei sinkenden Zinsen ist das Sparen weniger attraktiv, sodass ggf. mehr Geld für Konsumzwecke ausgegeben wird.
- **Steuerliche Aspekte:**
  Der Staat fördert bestimmte Sparformen steuerlich. Dies ist z. B. der Fall bei Bausparverträgen. Ziel ist es, Bauvorhaben zu ermöglichen oder Altersvorsorgeprodukte zu fördern. Dadurch werden bestimmte Personengruppen (wie Jugendliche ab 16 Jahren) beeinflusst, in bestimmte Anlageformen und dazu ggf. in größerem Umfang zu sparen, als es sonst womöglich der Fall wäre.
- **Konjunkturelle Situation:**
  In konjunkturell günstigen Zeiten steigt das Einkommen und auch die Ersparnis nimmt in der Regel zu. In konjunkturell ungünstigen Zeiten ist tendenziell die Ersparnis rückläufig.
- **Preiserwartungen:**
  Steigen die Preise, macht es umso weniger Sinn, zu sparen. Denn der Sparer läuft Gefahr, dass das angesparte Geld an Wert verliert. In Inflationszeiten geht die Sparbereitschaft demnach zurück. Um einem Wertverlust entgegenzuwirken, könnte in Immobilien investiert werden.
- **Politische Stabilität:**
  Politisch friedliche Zeiten fördern die Sparfähigkeit der Bürger. Drohen politische Unstimmigkeiten, steigt in der Regel der Drang, zu sparen.

1. „Spare in der Zeit, dann hast du in der Not". Erläutere die Bedeutung dieses Spruches und nimm begründet dazu Stellung.

_____

_____

_____

2. Beschreibe die Grafik. Erläutere den Zusammenhang zwischen Inflationsrate und Preiserwartung.

_____

_____

5 Was ist eine nachhaltige Geldanlage?

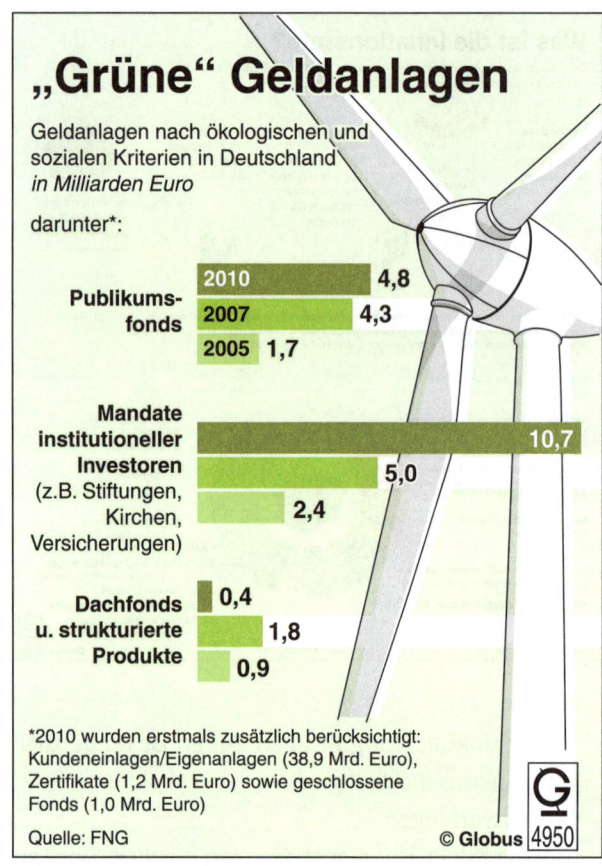

Auch bei Geldanlagen hat das Thema Nachhaltigkeit in den letzten Jahren an Bedeutung zugenommen. Es gibt zunehmend Geldanlageprodukte, die auch nachhaltige Aspekte berücksichtigen. Und immer mehr Konsumenten investieren in nachhaltige Geldanlagen.
Jeder Geldanleger kann mit seiner Geldanlage ein verantwortliches Handeln unterstützen. Dies funktioniert so, dass Anleger Geld z. B.
– bei Unternehmen anlegen, die besondere Umweltvorschriften berücksichtigen.
– oder bei Banken, die nachhaltige Projekte fördern.

Man kann inzwischen auf eine Vielzahl von nachhaltigen Geldanlageprodukten und Investmentfonds zurückgreifen, sodass immer mehr Geld in nachhaltige Geldanlagen investiert wird. Und damit lassen sich immer mehr Konsumenten auch auf nachhaltige Geldanlagen ein. Vor jeder Geldanlage, ganz gleich, ob nachhaltig oder nicht, sollte man sich ausgiebig informieren und auch Beratungsgespräche wahrnehmen – will man später keine bösen Überraschungen erleben.

Firmen und Unternehmen geben häufig Nachhaltigkeitsberichte heraus, in denen das besondere nachhaltige Engagement der Firma beschrieben ist. Diese Berichte können bei der Auswahl eine Hilfestellung bieten. Aber vielfach sind diese Berichte nur schwer miteinander zu vergleichen, da sie unterschiedlich aufgebaut sind.

Bevor man sich für eine Geldanlage entscheidet, sollte man zuerst verschiedene Alternativen bewerten. Dies betrifft vor allem auch die finanziellen Möglichkeiten. Denn Geld kann nur einmal ausgegeben werden. Man sagt auch: „Das am leichtesten verdiente Geld ist das, was man nicht ausgibt."

1. Erläutere, warum nachhaltige Geldanlagen auch als „grüne" Geldanlagen bezeichnet werden.

_____

_____

_____

2. Beschreibe, welche Gründe es geben kann, dass Verbraucher immer häufiger in nachhaltige Geldanlagen anlegen.

_____

_____

_____

_____

5 Das magische Viereck

B Karla informiert sich in der Verbraucherberatungsstelle zum Thema Geldanlage. „Puh", denkt Karla, „was für ein Dreieck ist bei der Geldanlage wichtig? Das magische Dreieck? Was auch immer das sein mag."
Interessiert hört Karla sich an, was mit dem magischen Dreieck gemeint ist. Doch es soll noch besser kommen. Nach dem magischen Dreieck soll es auch ein magisches Viereck geben.

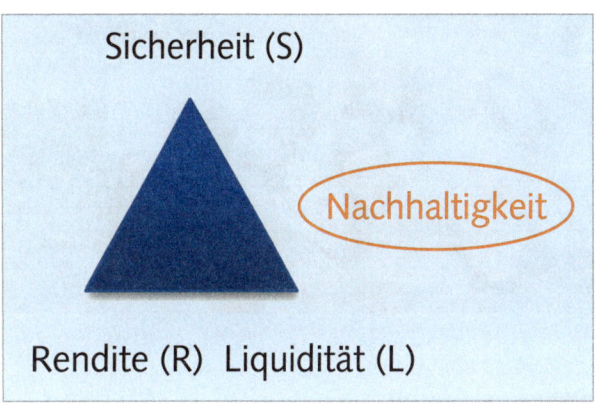

Das magische Dreieck enthält an jeder Ecke einen wichtigen Aspekt einer Geldanlage:
– Sicherheit (S)
– Liquidität (Verfügbarkeit) (L)
– Rendite (Ertrag, Zinsen) (R)

Aber alle diese drei Aspekte können bei einer Geldanlage nie gleichzeitig erreicht werden. Wer z. B. Geld auf einem Girokonto anlegt, kann schnell und einfach darüber verfügen (L), erhält dafür aber kaum oder wenig Guthabenzinsen (R), dafür liegt das Geld aber verhältnismäßig sicher (S). Deshalb spricht man von „magisch".

Dieses magische Dreieck lässt sich nun um einen vierten Aspekt ergänzen: die Nachhaltigkeit. Anders als beim magischen Dreieck, steht der Aspekt Nachhaltigkeit aber nicht in Konkurrenz zu den anderen drei Aspekten Liquidität, Sicherheit und Rendite.
Es ist also nicht so, dass nachhaltige Geldanleger niedrigere Zinsen (Rendite) erhalten oder eine geringere Verfügbarkeit (Liquidität) eingehen müssen, um das Geld ohne Verlust anzulegen.

Durch „nachhaltige" Geldanlagen ist der Begriff der doppelten Dividende entstanden. Anleger erhalten nämlich nicht nur einen Ertrag durch die Geldanlage, z. B. in Form von Zinsen. Sondern gleichzeitig soll durch eine Anlage in nachhaltige Geldanlagen auch die nachhaltige Entwicklung einer Gesellschaft gefördert werden. Die Verbraucher profitieren sozusagen doppelt.

1. Erläutere den Unterschied zwischen dem magischen Dreieck und dem magischen Viereck und suche nach einem konkreten Beispiel.

_____
_____
_____
_____
_____
_____
_____
_____

5 Nachhaltige Geldanlagen

B Nachhaltigkeit ist nicht gleich Nachhaltigkeit. Denn Karla sind bei der Geldanlage andere Faktoren wichtig als ihren Klassenkameraden. Karla ist es wichtig, dass die Umwelt und die Natur geschützt werden. Ihre Klassenkameraden legen mehr Wert auf soziale Faktoren.

Insgesamt lassen sich sogar drei Faktoren bei der nachhaltigen Geldanlage unterscheiden.

Soziale Faktoren:
Soziale Faktoren umfassen alle Aktivitäten, die nicht nur das eigene Wohl, sondern auch das Wohl anderer Menschen fördern.
Beispiele:

_____

_____

_____

Ökologische Faktoren:
Unter ökologische Faktoren fallen der Ausbau regenerativer Energien, Schutz der Natur durch den Schutz der Artenvielfalt oder die Vermeidung von Müll.
Beispiele:

_____

_____

_____

Wirtschaftsethische Faktoren:
Hier spielen Gesichtspunkte wie der Einsatz von Gentechnik eine Rolle, die in Deutschland in den letzten Jahren sehr kontrovers diskutiert werden. So wie bei Karla z. B. ökologische Aspekte bei der nachhaltigen Geldanlage eine Rolle spielen, spielen bei anderen Personen andere Faktoren eine größere Rolle.
Beispiele:

_____

_____

Um bewerten zu können, inwiefern Firmen nachhaltige Faktoren tatsächlich umsetzen, gibt es Ratingagenturen. Diese geben Einschätzungen zur Nachhaltigkeit des Unternehmens ab (Nachhaltigkeitsratings). Nachteilig ist, dass diese Berichte häufig kostenpflichtig sind. Außerdem bewerten verschiedenen Ratingagenturen auf unterschiedliche Art und Weise, sodass man die Berichte nur schwer miteinander vergleichen kann. Einheitlich ist, dass immer die Nachhaltigkeitsleistung des Unternehmens und nicht die Anlageform, z. B. in Form einer Aktie, berücksichtigt wird.

1. Erläutere den Unterschied zwischen sozialen, ökologischen und wirtschaftsethischen Faktoren.

_____

_____

_____

2. Ergänze in der Auflistung jeweils Beispiele für soziale, ökologische und wirtschaftsethische Faktoren.

5 Nachhaltige Geldanlagen

B Karla möchte einen Teil ihres Taschengeldes sparen. „Ein wenig Geld habe ich Monat für Monat von meinem Taschengeld noch übrig", denkt sie sich. „Aber wie kann ich es am besten anlegen?" Von ihrer Mutter und auch bei der Bank hat Karla erfahren, dass es viele verschiedene Möglichkeiten gibt, Geld anzulegen oder zu sparen. „Wer die Wahl hat, hat die Qual". Hinzu kommt, dass die verschiedenen Anlagemöglichkeiten unterschiedliche Chancen und Risiken haben – auch unter dem Aspekt der Nachhaltigkeit.

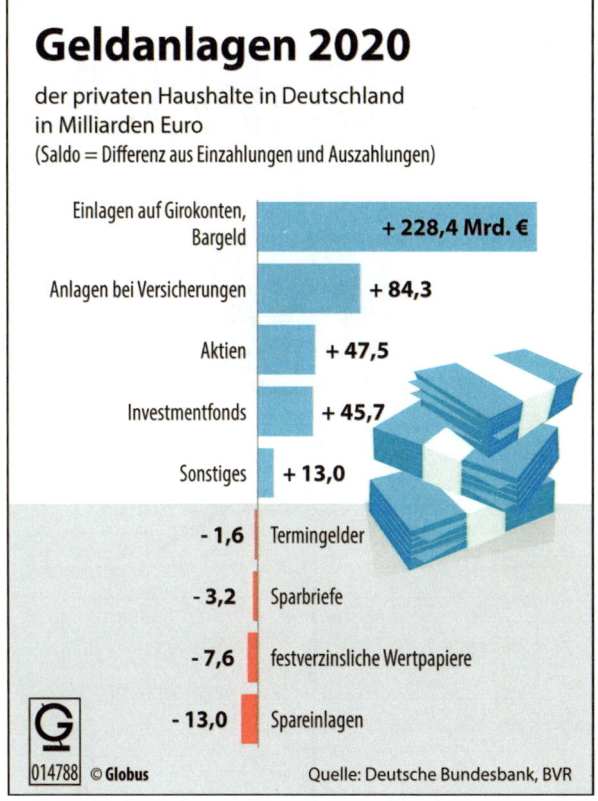

Die privaten Haushalte legten 2020 ihr Geld in verschiedenen Anlageformen an. Einige werden nun genauer angeschaut.

Girokonto:
Auf einem Girokonto laufen Einnahmen und Ausgaben zusammen. Taschengeld und Gehälter können eingezahlt und darauf überwiesen werden. Barabhebungen oder Überweisungen sind jederzeit möglich.
Gelder auf Girokonten zählen zu den Sichteinlagen. Das heißt, dass die Banken das Geld jederzeit, also bei „Sicht" wieder an den Kontoinhaber auszahlen können müssen. Bei Girokonten bestehen keine Kündigungsfristen, wie beispielsweise bei Sparkonten. Dafür sind die Zinsen sehr gering. Häufig gibt es sogar gar keine Zinsen.

Investmentfonds:
Bei nachhaltigen Geldanlagen sind Investmentfonds weit verbreitet. Bei der Anlage in Investmentfonds beauftragen die Anleger einen Fondsmanager, geeignete Wertpapiere für einen Fonds auszusuchen und diesen zu kaufen. Der Anleger erhält für den eingezahlten Geldbetrag sogenannte Fondsanteile. Dies sind beispielsweise Aktien oder Anleihen, die börsentäglich gekauft oder verkauft werden können.
Die Anlage kann z. B. in Fonds von Unternehmen aus dem Bereich der erneuerbaren Energien oder aber in nachhaltig ausgerichteten Staaten erfolgen. Der Anleger ist bei der Wahl bestimmter nachhaltiger Fonds direkt an der Entwicklung des Fonds bzw. der Branche beteiligt und kann sein Geld bei schlechter Wertentwicklung jederzeit verlieren.

1. Erkläre mit eigenen Worten die Grafik und stelle heraus, warum die privaten Haushalte ihre Einlagen auf dem Girokonto/Bargeld parken. Nimm begründet dazu Stellung.

_____
_____
_____
_____

5 Nachhaltige Geldanlagen – in Aktien

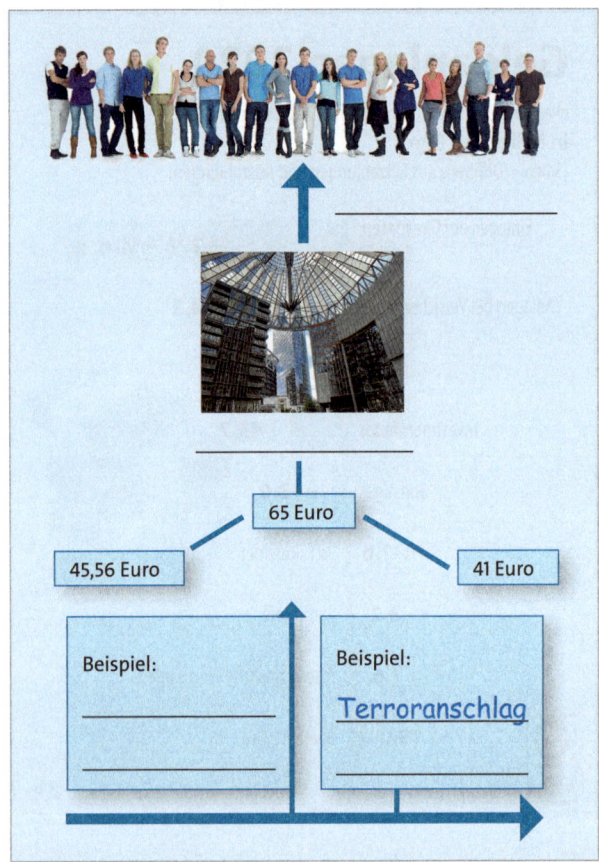

Aktien weisen im Gegensatz zu Sparkonten ein sehr viel größeres Risiko aus. Aktien kann man von einem **Unternehmen** kaufen, welches eine Aktiengesellschaft ist. Mit dem Kauf einer Aktie kauft man sich einen Teil eines Unternehmens und stellt diesem Unternehmen sein eigenes Geld zur Verfügung. Dafür erhält der Anleger eine sogenannte **Dividende**, die abhängig ist vom **Erfolg eines Unternehmens**. Von Jahr zu Jahr kann dieser unterschiedlich hoch ausfallen, oder in schlechten Jahren sogar ein Verlust eintreten, d. h. der Aktienbesitzer erhält gar keinen Gewinn (keine Dividende). Durch die direkte Beteiligung am Unternehmen haftet der Aktionär (derjenige, der in Aktien investiert), direkt für Erfolg oder Misserfolg des Unternehmens.

Aktien können an Börsen gekauft werden, an denen ständig aktuelle Kurse ermittelt werden. Die Aktien werden in bestimmten Aktienindizes zusammengefasst. Der wichtigste deutsche Aktienindex ist der DAX (Deutscher Aktienindex), denn er spiegelt die Entwicklung der 30 größten Aktienindizes wider. Der Aktienkurs spiegelt die Erwartungen der Käufer und Verkäufer wider. Dessen Entwicklung ist von verschiedenen Faktoren abhängig. Ein Faktor ist die Leistungskraft des Unternehmens. Auch die erwarteten zukünftigen Erträge spielen eine wichtige Rolle. Wird z. B. davon ausgegangen, dass das Unternehmen in nächster Zeit einen hohen Gewinn macht, weil es z. B. einen großen Auftrag erhalten hat, steigt der Kurs. Auch Prognosen über die Entwicklung der gesamten Branche beeinflussen den Aktienkurs. Wird z. B. damit gerechnet, dass weniger Autos verkauft werden, wird wahrscheinlich auch der Kurs eines bestimmten Automobilherstellers fallen. Je höher der Kurs, desto mehr ist eine Aktie wert.

Eine Person, die Geld in Aktien anlegt, sollte dafür auch Zeit mitbringen. Da ein Aktionär mit seinem Geld direkt in das Unternehmen investiert, sollte er sich laufend über das Unternehmen informieren, sich mit den Unternehmenszahlen auseinandersetzen und die Aktivitäten beobachten.

Legen Verbraucher Geld in nachhaltigen Spareinlagen/ Termingeldern oder Sparbriefen an, so nutzen Banken die angelegten Gelder dafür, Kredite an Unternehmen zu geben. Die Kredite nutzen die Unternehmen z. B. dafür, umweltfreundliche Projekte zu finanzieren.

1. Beschreibe anhand der Abbildung, wie eine Aktie funktioniert und fülle die Lücken in der Abbildung.

_____
_____
_____
_____
_____
_____

5 Nachhaltige Geldanlagen – in Investmentfonds

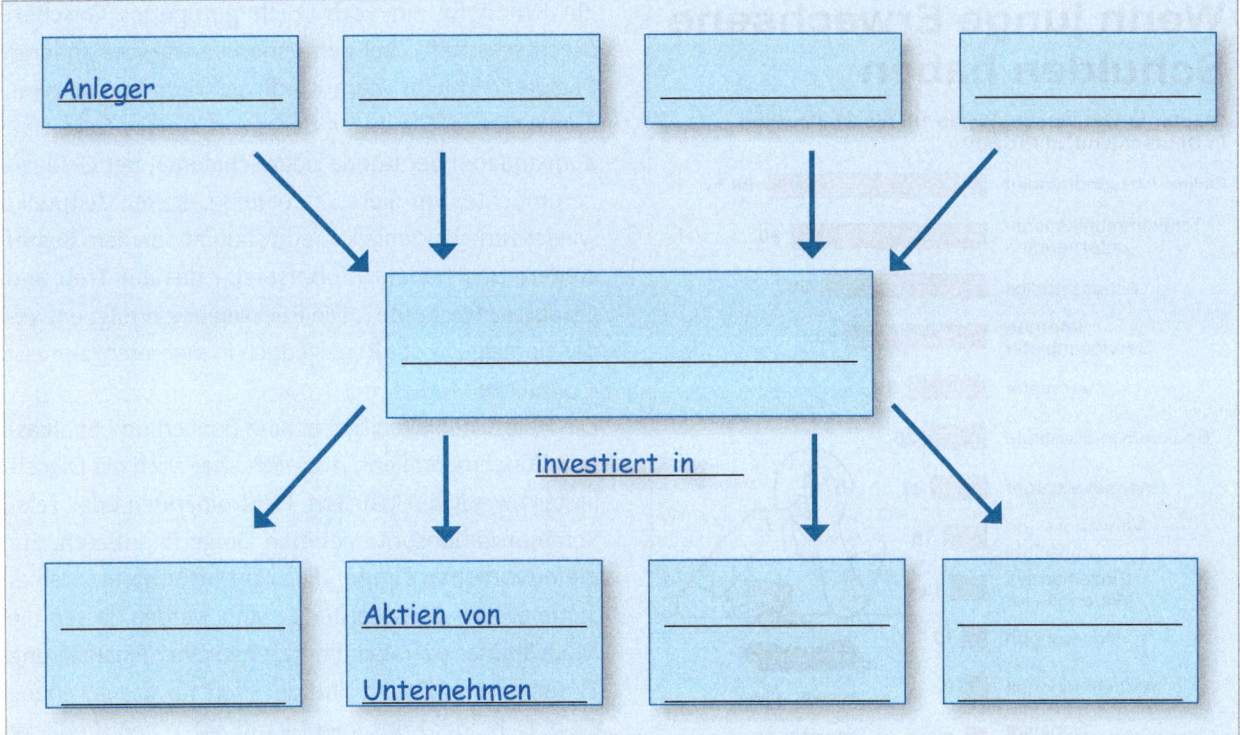

Das Prinzip des Investmentfonds

Bei Investmentfonds legen **viele Anleger** ihr Geld zusammen. Dieses Vermögen wird von einer sogenannten **Investmentgesellschaft** verwaltet und z. B. in **Aktien**, **Immobilien** und **Wertpapiere** investiert. Dadurch, dass das Geld von vielen Anlegern zusammengelegt wird, steht eine bedeutend größere Summe zur Verfügung. Einzelne Anleger verfügen meist nur über eher kleine Beträge, weshalb sie z. B. nur Aktien von einem Unternehmen kaufen. In diesem Fall ist das Risiko, welches der Anleger trägt, relativ hoch, weil der Wert der Anlage nur von einem Unternehmen abhängt.

Investmentfonds investieren z. B. in Aktien verschiedener Unternehmen, wodurch das Risiko gestreut wird. Denn es ist viel wahrscheinlicher, dass die Aktien eines einzigen Unternehmens an Wert verlieren, als dass dies mit den Aktien mehrerer Unternehmen geschieht.

Neben Aktienfonds, die in Aktien investieren gibt es auch z. B. **Immobilien**- oder **Rentenfonds**. Letztere investieren in festverzinsliche Wertpapiere. Investmentfonds, die in unterschiedliche Bereiche, also z. B. Aktien, Immobilien und festverzinsliche Wertpapiere investieren, werden als Mischfonds bezeichnet.

1. Beschreibe das Prinzip von Investmentfonds. Nutze dazu die Grafik „Das Prinzip von Investmentfonds".

6 Kredit

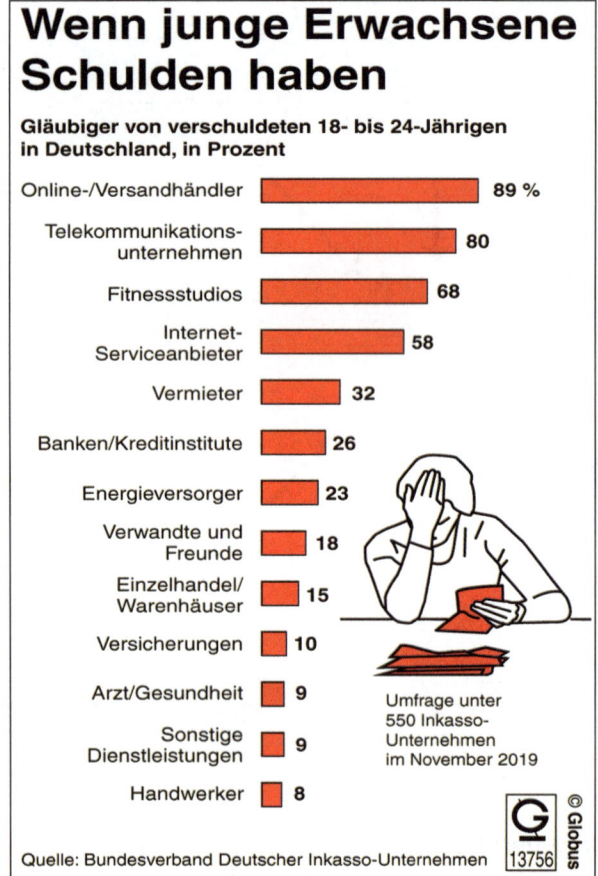

Wenn junge Erwachsene Schulden haben
Gläubiger von verschuldeten 18- bis 24-Jährigen in Deutschland, in Prozent

- Online-/Versandhändler: 89 %
- Telekommunikationsunternehmen: 80
- Fitnessstudios: 68
- Internet-Serviceanbieter: 58
- Vermieter: 32
- Banken/Kreditinstitute: 26
- Energieversorger: 23
- Verwandte und Freunde: 18
- Einzelhandel/Warenhäuser: 15
- Versicherungen: 10
- Arzt/Gesundheit: 9
- Sonstige Dienstleistungen: 9
- Handwerker: 8

Umfrage unter 550 Inkasso-Unternehmen im November 2019
Quelle: Bundesverband Deutscher Inkasso-Unternehmen

Ein Kredit ist ein vertraglich geregeltes Geschäft (Rechtsgeschäft), bei dem eine Person einer anderen Person Geld leiht. Zum Kredit gehören immer zwei: Zum einen der Gläubiger, der einem Kunden Geld leiht. Zum anderen der Kunde oder Schuldner, der Geld leihen möchte, um dieses zu einem späteren Zeitpunkt wieder zurückzuzahlen. Kredit stammt von dem Begriff credere und bedeutet übersetzt: „das auf Treu und Glauben anvertraute". Die Rückzahlung erfolgt entweder einmalig, in der Regel jedoch in mehreren, zumeist monatlichen Raten.

Die klassischen Kreditgeber sind Banken und Sparkassen. Zunehmend kann man sich aber auch bei Dienstleistern wie Möbelhäusern, Elektromärkten oder Telekommunikationsunternehmen Dinge finanzieren. Für die erworbenen Dinge, die nicht im Vorfeld in einer Summe beim Dienstleister gezahlt werden, lassen die Möbelhäuser usw. sich im Rahmen einer Finanzierung Zinsen zahlen. Zinsen sind der Preis für das geliehene Geld. D. h., der Konsument kauft sich einen Kredit, er bekommt nichts geschenkt.

Jugendliche unter 18 Jahren dürfen keinen Kredit aufnehmen und keinen Kaufvertrag mit einem Dienstleister abschließen. Das trifft auch auf Karla zu. Sie kann mit ihren 14 Jahren keinen Vertrag zum Möbelkauf abschließen, bei dem der Kaufpreis in mehreren Raten gezahlt wird. Dies ist erst mit dem 18. Lebensjahr möglich. Denn leicht kann man den Überblick über seine Finanzen verlieren. Davor schützt der Staat durch Gesetze die Minderjährigen. Bis zum Alter von 18 Jahren leihen Jugendliche sich in der Regel Geld bei Freunden, Eltern und Geschwistern. Ab 18 Jahren machen Jugendliche die ersten Schulden bei verschiedenen Dienstleistern.

B Karla (14 Jahre) geht durch die Einkaufsstraße und stößt mehrfach auf den Hinweis: „Jetzt kaufen, später bezahlen!" „Das ist toll", denkt sich Karla, „so einfach ist das alles. Dann hole ich mir einfach einen neuen Schreibtisch – bezahlen kann ich später."
So wie Karla denken vermutlich viele Jugendliche. Doch ist es wirklich so einfach? Oder kommt das böse Erwachen später?
Händler locken mit günstigen Angeboten vor allem jugendliche Kunden. Doch tatsächlich stecken vielfach Kredite mit Ratenzahlungen hinter diesen Lockangeboten. Doch was heißt das eigentlich?

1. Karla ist sehr erstaunt, dass viele Jugendliche im Alter von 18 bis 24 Jahren bereits Schulden haben. Erläutere die Grafik mit eigenen Worten. Nenne Gründe, warum die Anzahl der Schulden bei Telekommunikationsunternehmen höher ist als bei Verwandten und Freunden.

_____

_____

_____

_____

62

6 Verschuldung und Überschuldung

Ob man immer ohne Schuld in Schulden gerät, ist schwer zu sagen. Denn häufig gibt es verschiedene Gründe, weshalb junge Erwachsene in eine Verschuldung geraten. Jeder, der beispielsweise einen Kredit aufnimmt, verschuldet sich. Das ist aber auch nichts schlimmes, sondern vielfach ein sinnvolles Instrument, um z. B. mit einem Kredit ein Haus zu kaufen.

Eine Verschuldung ist allerdings auch mit Risiken verbunden. Wer seinen Zahlungsverpflichtungen, z. B. der Zahlung von Rechnungen oder Versicherungsbeiträgen aus dem laufenden Einkommen trotz Einschränkungen nicht nachkommen kann, gilt als überschuldet.

Anzeichen für eine Überschuldung gibt es viele: Mietrückstände, ein ständiges Minus auf dem Konto oder die Stundung (die vorübergehende Aussetzung) von Kreditraten. Gründe für eine Überschuldung können Krankheit, Arbeitslosigkeit oder eine unwirtschaftliche Haushaltsführung sein.

Um die Finanzen im Überblick zu behalten, empfiehlt es sich, wenigstens kurzfristig auf bargeldlose Zahlungen zu verzichten. Dadurch bekommt man schneller mit, wenn das Bargeld sich in der Geldbörse dem Ende neigt. Ist eine Person trotzdem in eine Überschuldung geraten oder wünscht Hilfe in finanziellen Angelegenheiten, bietet sich der Gang zur Schuldnerberatungsstelle an. Dort kann eine Beratung in Anspruch genommen und Hilfe geleistet werden. In einer Schuldnerberatungsstelle kann man sich auch über das Insolvenzverfahren informieren. Bei diesem Verfahren ist der Schuldner nach einer Frist von mehreren Jahren schuldenfrei und alle Schulden werden erlassen. Dafür sind während dieser Frist strenge Auflagen zu erfüllen, die auch von Ämtern streng kontrolliert werden.

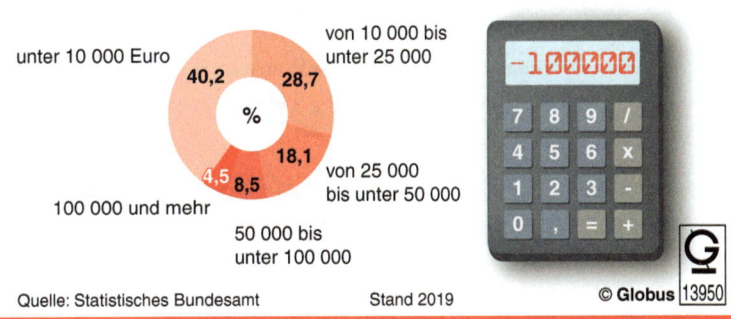

1. Beschreibe, welche Haushaltstypen mit welchem Anteil überschuldet sind.

_____

_____

_____

2. Erläutere die Grafik. Stelle Gründe für eine Überschuldung dar und nenne jeweils Lösungsmöglichkeiten.

_____

_____

_____

_____

_____

6 Bruno möchte ein Auto auf Kredit kaufen

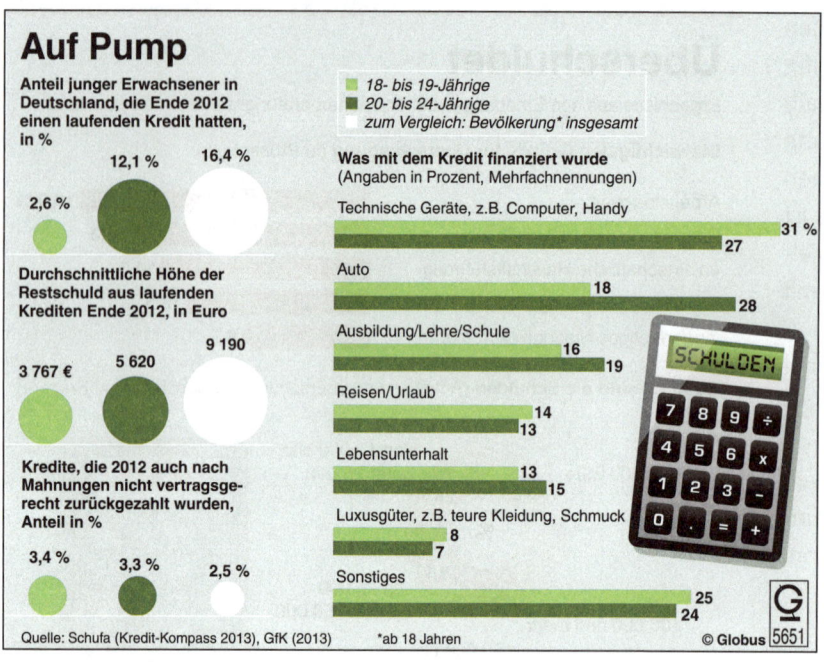

Daher gilt: Prüfe immer, ob eine Anschaffung wirklich notwendig ist, oder ob du noch abwarten kannst und den Betrag sparst. Dann kannst du dir die Kreditzinsen sparen. Eine Kostenaufstellung und ein Kostenvergleich lohnen sich.

B Leider benötigt Bruno jetzt das Auto, da er zu seiner Ausbildungsstelle fahren muss. Es kann leider kein anderes Verkehrsmittel genutzt werden, wie z. B. Bus oder Bahn. Also macht er sich auf dem Weg zu einem Kreditinstitut.
Der Berater berät Bruno, dass für den Kredit einige Schritte zu beachten sind, die der Berater mit Bruno nach und nach durchgeht.

B Karlas Bruder Bruno (19) überlegt, ob er für ein eigenes gebrauchtes Auto einen Kredit aufnehmen kann. Leichtes Spiel, denkt sich Bruno. Überall bieten Unternehmen günstige Finanzierungen an. Ein neues Auto für 2.500 Euro. Das wird er von seinem Ausbildungsgehalt schon zahlen können, oder? Da greife ich jetzt zu, denkt sich Bruno. Doch was ist zu tun?
Soll er den Betrag lieber erst ansparen oder doch lieber direkt einen Kredit aufnehmen? Er überlegt, wann überhaupt eine Kreditaufnahme sinnvoll ist? Verantwortungsbewusst mit Geld umzugehen heißt, zu prüfen, ob eine Investition oder ein Kredit wirklich notwendig ist.
Wenn man einen Kredit aufnimmt, müssen für den geliehenen Betrag Zinsen gezahlt werden. Wenn Bruno den Betrag spart, braucht er auch keine Zinsen zahlen. Das ist also günstiger.
Dafür kann er das Auto vermutlich erst in einem oder zwei Jahren kaufen, wenn er genügend Geld zusammen hat.

Das Kreditinstitut prüft die **Kreditwürdigkeit** von Bruno. D. h., die Bank prüft, ob Bruno willens ist, den Kredit und die Zinsen pünktlich zurückzuzahlen. Das ist die Grundlage für eine Vertrauensbeziehung zwischen Bank und Kreditnehmer.
Die Kreditinstitute prüfen die Bonität mithilfe der **Schufa** (Schutzgemeinschaft für allgemeine Kreditsicherung). Diese speichert Daten wie Kreditkarten, aber auch Kredite vom Kunden. Holt der Bankberater eine Auskunft ein, bietet es sich an, wenn der Berater „Anfrage Kreditkonditionen" statt „Anfrage Kredit" ankreuzt. Sonst sieht es so aus, als hätte die Bank einen Kredit abgelehnt. Das senkt die Kreditwürdigkeit.
Bei Krediten mit hohen Beträgen reicht die Abfrage der Schufa für die Banken nicht aus. Sie wollen weitere Sicherheiten. Beim Hauskauf dient eine Grundschuld auf das Haus als Sicherheit oder beim Auto dient der Kfz-Brief als Sicherheit.

1. Ermittle weitere Faktoren, die bei der Kreditaufnahme zu beachten sind.

_____

_____

_____

_____

6 Wieviel Kredit kann Bruno sich leisten?

B Um das neue Auto kaufen zu können, stellt Bruno einen Plan auf, wie viel Geld noch fehlt. Das Auto kostet 2.500 Euro. „Puh", denkt Bruno sich. Wenn er den Betrag finanziert, muss er wahrscheinlich lange zurückzahlen.
Aber da fällt Bruno ein, dass seine Eltern ihm noch 300 Euro auf einem Sparbuch zurückgelegt haben. Das kann er doch sicherlich verwenden.

Bruno ermittelt seinen Finanzierungsbedarf:

Anschaffungskosten in Euro:	Beispiel: Auto
Kaufpreis:	2.500,00 €
Zusatzkosten: Versicherung	200,00 €
Guthaben:	
Girokonto:	80,00 €
Sparbuch:	300,00 €
Gesamt:	380,00 €

Anschaffungskosten:	2.700,00 €
Guthaben:	300,00 €
Kreditsumme:	2.500,00 €

Generell gilt, dass bei der Aufnahme eines Kredits auch unvorhergesehene Ausgaben mit berücksichtigt werden, z. B. für Reparaturen oder eine neue Waschmaschine. Eine finanzielle Rücklage sorgt dafür, dass man trotz außerplanmäßiger Ausgaben in der Lage ist, die Kreditraten zu zahlen. Zumal das Auto ja auch noch unterhalten werden muss. Versicherungen sind zu zahlen und fürs Tanken ist auch noch Geld einzuplanen.

Bruno hat sich entschieden, einen Kredit über 2.500 Euro aufzunehmen.

1. Erläutere, warum wohl Bruno die 80 Euro auf dem Girokonto nicht als Guthaben berücksichtigt haben könnte.

_____

_____

2. Bruno bekommt einen Zinssatz von 4 Prozent für 36 Monate. Berechne, wie viel Zinsen er für den Kredit zahlen muss.

$$\text{Zinsen} = \frac{\text{Kapital} \times \text{Zinssatz} \times \text{Monate}}{100 \times 12}$$

_____

_____

3. Bruno bekommt 530 Euro netto pro Monat Ausbildungsvergütung. Für Versicherungen und zum Leben gibt er rund 300 Euro im Monat aus. Da er noch zu Hause wohnt, muss er seinen Eltern 50 Euro im Monat geben. Berechne, ob Bruno sich überhaupt einen Kredit leisten kann.

_____

_____

_____

6 Welcher Kredit für welchen Zweck?

B Nun geht es an die Kreditaufnahme. Bruno ist sich sicher, dass er jetzt das Auto benötigt. Also müssen schnell 2.500 Euro her.

Irgendwo hat Bruno schon einmal gehört, dass es unterschiedliche Kredite gibt. Damit er genau den richtigen Kredit für diesen Zweck auswählt, lässt er sich beraten. Die Verbraucherberatungsstellen und die Banken klären ihn darüber auf, dass es für einen bestimmten Zweck einen bestimmten Kredit gibt. Kredite unterscheiden sich also nach ihrem Zweck. Als Kunde einer Bank muss Bruno selbst darauf achten, dass er den richtigen Kredit wählt. Also muss er sich damit befassen.

Je nach Art der Anschaffung und abhängig von der Rückzahlung sind zu unterscheiden:

Dispositionskredit: auch Dispo genannt
Der Dispo ist ein Kreditrahmen für Überziehungen, den die Bank einem Kunden auf dem Girokonto einräumt. Als Faustregel beträgt der Dispo ca. das Dreifache des Monatsgehalts. Der Dispo ist eher für kurzfristige Engpässe zu nutzen. Da der Dispozins sehr hoch ist, ist er nicht für eine längerfristige Finanzierung zu empfehlen.

Ratenkredit: auch Konsumentenkredit genannt
Beim Ratenkredit wird ein Kreditbetrag ausgezahlt, der in festen Raten zurückzuzahlen ist. Die Raten bestehen aus Zinsen und Tilgung. Kunden dürfen einen Ratenkredit jederzeit zurückzahlen – dies erlaubt das Verbraucherkreditgesetz.

Ratenkauf:
Ratenkauf kommt häufig bei Autohändlern oder in Möbelgeschäften vor. Wie der Name schon sagt, zahlt man beim Ratenkauf die Ware in Raten ab. Die Ratenzahlung ist teurer, als wenn man die Ware direkt in einer Summe zahlt. Schnell locken Möbelhäuser mit Ratenangeboten, aus denen man dann so schnell nicht wieder herauskommt. Daher sollte ein Ratenkauf gut überlegt sein.

Kredite per Knopfdruck:
Das Internet bietet auch Finanzierungsangebote. Zwar spart man sich den Gang zur Bank. Aber es gibt auch viele schwarze Schafe unter den Anbietern. Manchmal ist nicht ganz klar, ob überhaupt ein Kredit ausgezahlt wird. Also ist Vorsicht geboten.

1. Beschreibe die verschiedenen Kreditarten mit eigenen Worten.

___

2. Erläutere, welchen Kredit Bruno wählen sollte und begründe deine Meinung.

___

6 Wie bewerte und vergleiche ich Kredite?

B Bruno hat seinen Finanzierungsbedarf berechnet und sich für eine Kreditart entschieden. Aber all seine Fragen sind noch nicht geklärt. Wie kommt er jetzt an das für ihn beste Angebot?
Es muss doch bestimmt irgendwelche Merkmale geben, an denen er sich orientieren kann, um Kreditangebote miteinander zu vergleichen?
Folgende Aspekte sind zu beachten:

Höhe der Raten:
Die monatliche Rückzahlungsrate setzt sich aus Zinsen und Tilgung zusammen. Zinsen erhält die Bank für die Bereitstellung des Kredites. Die Tilgung ist der Betrag, um den Kredit zurückzuzahlen oder abzuzahlen.
Eine niedrige monatliche Rate bedeutet nicht unbedingt, dass das Kreditangebot günstig ist. Es kann auch sein, dass die Kreditlaufzeit sehr lang eingeplant ist. Dann zahlt man insgesamt einen größeren Betrag zurück.

Laufzeit des Kredits:
Als Faustregel gilt: Die Laufzeit des Kredits sollte nicht länger laufen als die damit finanzierte Anschaffung. Besonders auffällig ist dies beim Auto. Wenn man für ein Auto noch Kreditraten zahlen muss, obwohl das Auto bereits nicht mehr läuft, ist etwas schief gelaufen.

Effektivzinssatz: auch effektiver Jahreszins genannt
Der Effektivzinssatz ist das sinnvollste Instrument, um Kreditangebote zu vergleichen. In diesem Zinssatz sind alle Kosten und Gebühren für den Kredit, wie auch Bearbeitungsgebühren und Provisionen sichtbar. Diese sind im Nominalzinssatz nicht enthalten. Das heißt, im Effektivzinssatz sind alle Kosten sichtbar. Daher ist dieser höher als der Nominalzins.

Kredite lassen sich am besten anhand des Effektivzinssatzes vergleichen. Man kann auch anhand von Monatsrate und gleicher Laufzeit Kredite vergleichen – das ist aber nicht so eindeutig wie beim Effektivzinssatz.

Sondervereinbarungen zum Kredit: Sondertilgung

B Wenn Bruno zufälligerweise während der Kreditlaufzeit einen größeren Geldbetrag, z. B. von der Oma bekommen sollte, kann er diesen nicht zwangsläufig auf den Kredit einzahlen. Solch eine Sondervereinbarung ist bei Abschluss des Kreditvertrages mit zu vereinbaren. Dies wird als Sondertilgung bezeichnet. Sondertilgungen sorgen dafür, dass Bruno den Kredit schneller zurückzahlen kann.

Feste oder variable Zinsbindung:
Für den Kredit sind Zinsen zu zahlen. Abhängig von der Laufzeit und der Art des Kredits, unterscheiden sich feste und variable Zinsen.
Variable Zinsen passen sich von Zeit zu Zeit an. Feste Zinsen, z. B. bei Wohnungsfinanzierungen, sind meistens für 10 oder 15 Jahre fest im Kreditvertrag vereinbart. Nach Ablauf dieser Zeit wird neu verhandelt.

1. Erkläre, warum Kreditangebote mit dem Effektivzins verglichen werden.

2. Berechne den Effektivzinssatz mit folgender Formel:

$$\text{Effektiver Jahreszinssatz (in \%)} = \frac{\text{Kreditkosten}}{\text{Nettodarlehensbetrag}} \cdot \frac{24}{(\text{Laufzeit in Monaten} + 1)} \cdot 100$$

Bruno nimmt einen Kredit in Höhe von 2 500 Euro für 4 % für insgesamt 36 Monate auf. Kreditkosten fallen in Höhe von 60 Euro an.

7 Versichern und vorsorgen

Versicherungen:

- **Sozialversicherungen:** (gesetzliche Krankenversicherung, Rentenversicherung, Pflegeversicherung, Unfallversicherung und Arbeitslosenversicherung)
- **Individualversicherungen:** (z. B. Hausratsversicherung, Haftpflichtversicherung, Berufsunfähigkeitsversicherung)

B Karla ist überglücklich. Sie hat eine Ausbildungsstelle gefunden. Im einwöchigen Praktikum konnte sie ihren Arbeitgeber überzeugen. Nun ist alles unter Dach und Fach. Bei Herrn Meyer, ihrem Ausbildungsleiter, hat sie den Ausbildungsvertrag unterschrieben. Nun muss sie noch viel „Papierkram" mit ihm klären. Herr Meyer hat ihr mitgeteilt, dass sie eine Lohnsteuerkarte bei der Finanzbehörde beantragen muss. Sonst kann die Firma keinen Lohn zahlen, da der Arbeitgeber für Karla auch Sozialleistungen und Steuern zu zahlen hat. Das alles wird über die Lohnsteuerkarte abgewickelt.

Zudem soll Karla sich bis zum Ausbildungsbeginn in drei Wochen überlegen, ob sie weitere Vorsorgeleistungen nutzen möchte, die über die Ausbildungsvergütung abgerechnet werden.

Viele Fragen! So viele Versicherungen! Doch wie unterscheiden diese sich?

Karla holt sich Rat bei ihrer Bank und ist überrascht, was alles zur Ausbildung verpflichtend dazugehört und welche Leistungen sie zusätzlich beanspruchen kann. Das ist eine Menge! Sie muss überlegen, welche Versicherungen notwendig sind. Es gibt nämlich sogenannte „Muss-Versicherungen" und „Kann-Versicherungen".

Aufgrund ihrer geringen Ausbildungsvergütung kann sie sich noch nicht gegen alle Risiken absichern. Wie gut, dass es gesetzliche Leistungen gibt. Die Beiträge zur Arbeitslosenversicherung zahlt automatisch jeder, der in der Ausbildung oder angestellt ist. Dafür hat man im Notfall für eine bestimmte Zeit Anspruch auf Arbeitslosengeld.

Alle Versicherungen kommen für Karla nicht infrage. Derzeit möchte sie die notwendigen Versicherungen abschließen und die staatlichen Förderungen nutzen. Alles andere kommt später. Denn je nachdem, ob man sich gerade in einer Ausbildung befindet, eine Familie gründet oder ein Haus baut – je nach Lebenssituation sind andere Versicherungen wichtig.

Krankenversicherung:
Durch die Familienversicherung sind Kinder im Regelfall über die Eltern mit krankenversichert. Karla muss sich als Auszubildende selbst bei einer Krankenkasse versichern. Die Höhe des Beitrags richtet sich nach der Ausbildungsvergütung. Übersteigt das Ausbildungsgehalt einen bestimmten Betrag nicht, zahlt der Arbeitgeber den Betrag allein.

Gesetzliche Krankenversicherungen sind nach dem Solidarprinzip organisiert. Vereinfacht könnte man sagen: Einer für alle, alle für einen.

Die Höhe der Beiträge richtet sich nach dem Einkommen. Die Leistungen sind für alle gleich. Wer über die Standardleistungen hinaus einen besseren Service haben möchte, kann Zusatzversicherungen abschließen. Die gesetzliche Rentenversicherung zahlt im Rentenalter eine Altersrente. Diese kann im Zweifelsfall sehr gering ausfallen.

Von ihrem Ausbildungsgehalt will Karla monatlich einen Beitrag in die private Rentenversicherung zahlen. Diese zahlt ab einem vereinbarten Zeitpunkt eine lebenslange Rente. So will Karla schon frühzeitig anfangen, für die Rente zu sparen.

1. Erläutere im Zusammenhang mit der gesetzlichen Versicherung den Spruch: „Einer für alle, alle für einen".

_____

_____

_____

_____

7 Versichern und vorsorgen

B Als Auszubildende ist Karla in der Regel über die Eltern haftpflichtversichert. Ohne, dass sie dafür eigene Beiträge zahlt. Die Haftpflichtversicherung zahlt die Schäden, die Karla anderen gegenüber verursacht. Diese Versicherung gehört zu den wichtigsten Versicherungen, da alle Bürger ab dem 7. Lebensjahr für Schäden zahlen müssen, die sie bei anderen anrichten. Und das kann teuer werden. Denn wie schnell geht man z. B. mal bei Rot über die Ampel? Wer zahlt, wenn dabei ein Autofahrer einen Unfall verursacht?

Und wie ist es in der Freizeit?
Karla möchte auch außerhalb der Arbeit – also bei privaten Aktivitäten – versichert werden. Während der Arbeitszeit ist sie über ihren Betrieb versichert. Dann gilt die gesetzliche Unfallversicherung, die sie im Ausbildungsbetrieb und auf dem Weg dorthin versichert. Außerhalb des Betriebes ist sie nicht versichert. Daher schießt Karla eine private Unfallversicherung ab. Diese zahlt nach einem Unfall eine einmalige Zahlung oder eine Rente, wenn Karla durch einen Unfall so schwer verletzt wurde, dass sie nicht mehr arbeiten kann oder nur eingeschränkt.

Auch wenn es vielleicht etwas teurer ist, möchte Karla für alle Notfälle auch noch eine Berufsunfähigkeitsversicherung abschließen. Denn diese ist in jungen Jahren besonders günstig. Und von Vorteil ist auch, dass Karla noch keine gesundheitlichen Beschwerden hat. Daher ist es jetzt einfach, eine derartige Versicherung zu bekommen. Falls sie schon Krankheiten hätte, bräuchte eine Versicherung sie nicht aufzunehmen. Und wie bei fast allen Individualversicherungen ist es so, dass der Beitrag teurer wird, je älter sie bei Vertragsabschluss ist.

Karla hat vor, während der Ausbildung bei ihren Eltern wohnen zu bleiben. So kann sie sich voll auf die Ausbildung konzentrieren und von ihrem ohnehin schon geringen Ausbildungsbetrag erst einmal die Versicherungsbeiträge zahlen. Wenn sie die Ausbildung in der Tasche hat, wird sie sich eventuell eine eigene Wohnung nehmen. Dann kommen wiederum andere und zusätzliche Versicherungen auf sie zu. Wie zum Beispiel die Hausratversicherung. Aber dann verdient sie schließlich auch richtiges Gehalt.

1. Den Deutschen wird häufig unterstellt, dass sie sich „überversichern". D. h., dass sie viele und überflüssige Versicherungen abschließen. Nimm Stellung zu dieser Aussage und nenne mögliche Gründe für eine Überversicherung.

_____
_____
_____
_____
_____

2. Stelle Risiken und Gefahren der Überversicherung heraus und suche Lösungsmöglichkeiten.

_____
_____
_____
_____

7 Das Lebensphasenkonzept

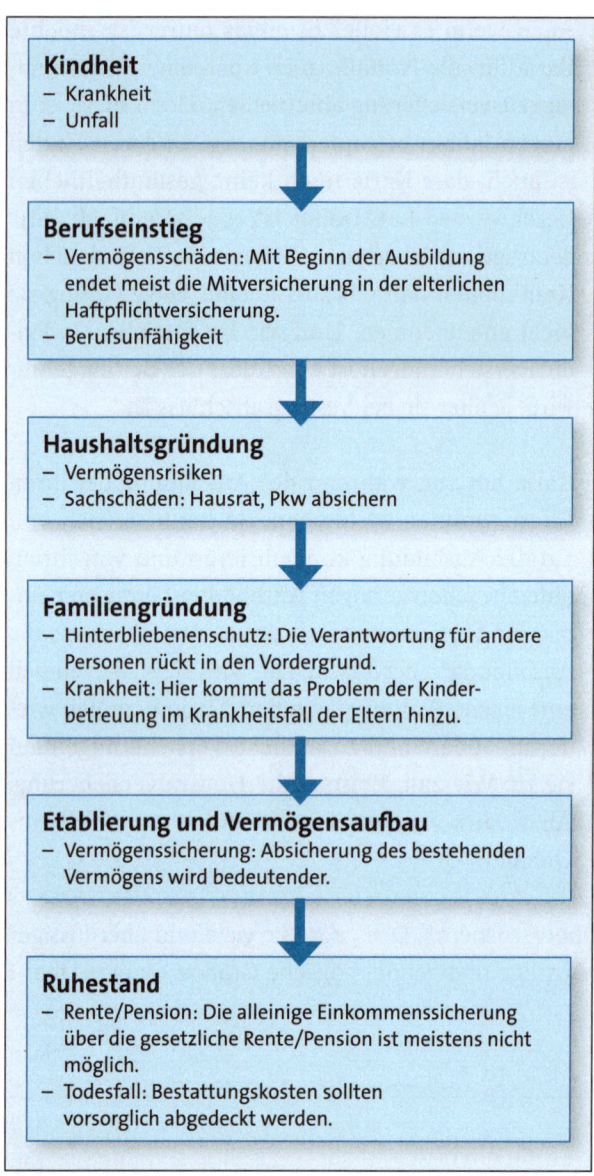

Das Lebensphasenkonzept

Menschen arbeiten in verschiedenen Berufen und haben verschiedene Hobbys. Dennoch gibt es je nach Lebensalter gemeinsame Risiken und einen ähnlichen Versicherungsbedarf. Das Lebensphasenmodell versucht, die Risiken darzustellen, die in einer bestimmten Lebensphase bestehen und für die sich ein Versicherungsschutz anbieten könnte. So muss sich ein Jugendlicher anders absichern als ein Rentner – und ein Dachdecker anders als ein Finanzbeamter.

Daher sollte genau geprüft werden:

– Prüfe regelmäßig deinen Versicherungsschutz. Insbesondere dann, wenn sich die Lebensumstände ändern. Wie z. B. durch Ausbildung, Umzug oder Heirat.

– Hole dir vor Vertragsabschluss Angebote von verschiedenen Anbietern ein und vergleiche diese.

– Sei beim Vertragsabschluss ehrlich zu dir und zu der Versicherungsgesellschaft. Machst du falsche Angaben, von denen die Versicherungsgesellschaft erfährt, muss sie keine Leistungen zahlen.

– Kündige überflüssige Versicherungen.

– Wenn du Versicherungen abschließen möchtest, erkundige dich vor Vertragsabschluss nach dem ökologischen Handeln des Anbieters.

1. Überlege, welche Versicherungen für dich infrage kämen.

_____

_____

_____

2. Kritiker des Lebensphasenkonzepts meinen, dass hierbei nicht zwischen verzichtbaren und unverzichtbaren Versicherungen unterschieden wird. Diskutiert diese Aussage.

_____

_____

_____

7 Staatliche Förderungen – Prämien vom Staat

Für Jugendliche und Auszubildende gibt es bereits in jungen Jahren für bestimmte Versicherungs- und Vorsorgeprodukte zusätzliche Prämien vom Staat. Der Staat möchte dadurch einen Ansporn geben, dass sich insbesondere Jugendliche mit der Altersvorsorge auseinandersetzen.

Die Riester-Rente

Bei der Riester-Rente erhält man vom Staat eine zusätzliche Förderung. Wer in die Riester-Rente einzahlt (z. B. jährlich oder monatlich), erhält jährlich eine Förderung und im Alter je nach eingezahltem Betrag eine monatliche Rentenleistung. D. h., man erhält eine Zulage für die eingezahlten Sparbeiträge. Ergänzend dazu gibt es steuerliche Vorteile. Die Riester-Förderung ist daher mit im Rahmen der Einkommensteuererklärung einzureichen. Von Vorteil ist, dass jeder Sparer selbst bestimmen kann, wieviel Geld er einzahlt (Mindestbetrag pro Jahr ist 60 Euro). Der maximale Förderbetrag beträgt 2.100 Euro. Um die volle Zulage zu enthalten, müssen jährlich 4 % des sozialversicherungspflichtigen Einkommens vom Vorjahr in einen riesterfähigen Vertrag eingezahlt werden.

Staatliche Förderung beim Bausparen

Jeder Auszubildende und Angestellte wird belohnt, wenn er auf seinen Bausparvertrag ein Vermögen anspart. Das Geld kann dann für viele Dinge rund um die eigene Wohnung oder Immobilien genutzt werden. Der Arbeitgeber zahlt damit die sogenannten vermögenswirksamen Leistungen. Ob der Arbeitgeber zahlt, muss jeder selbst in Erfahrung bringen. Die Beiträge des Arbeitgebers schwanken von 6 Euro bis hin zu 40 Euro monatlich. Einen gesetzlichen Anspruch auf die Zahlung hat der Arbeitnehmer jedoch nicht.

Jeder ab 16 Jahren, dessen zu versteuerndes Einkommen die bestimmten Einkommensgrenzen (siehe Grafik) nicht übersteigt und wer mindestens 50 Euro im Jahr auf einen Bausparvertrag einzahlt, wird gefördert.

Es gilt, nichts zu verschenken. Auch in anderen Bereichen gibt es weitere staatliche Prämien und Förderungen. Manchmal ändern sich die Gesetze oder die Förderbeiträge dazu auch. Daher gilt es, sich immer laufend zu informieren, um nichts zu verschenken.

So fördert der Staat das Sparen
Wer bekommt für welchen Sparaufwand wie viel Zuschuss?

	Arbeitnehmer bis zu diesem Einkommen* ...	... und einem jährlichen Sparbetrag ...	... bekommen darauf diese staatliche Sparzulage
ARBEITNEHMER-SPARZULAGE			
Beteiligungssparen (z. B. Aktienfonds)	max. 20 000 Euro/ 40 000 Euro (Verheiratete)	bis max. 400 Euro	20 % Sparzulage
Bausparen	max. 17 900 Euro/ 35 800 Euro (Verheiratete)	bis max. 470 Euro	9 % Sparzulage
WOHNUNGS-BAUPRÄMIE			
Bausparen	max. 25 600 Euro/ 51 200 Euro (Verheiratete)	bis max. 512 Euro bzw. 1 024 Euro (Verheiratete)	8,8 % Sparzulage

Quelle: BMAS   *zu versteuerndes Jahreseinkommen   Stand 2014   © Globus 6139

1. Erläutere die Abbildung und berechne den höchstmöglichen Förderbetrag, der maximal im Jahr zu erzielen ist.

Projektmethode: allgemeine Informationen

Die Projektmethode ist eine besondere Methode, sich mit der Verbraucherbildung auseinanderzusetzen. Sie ist auch gut geeignet, Themen anderer Fächer mit einzubeziehen: etwa die Fächer Mathematik und Deutsch. Aus dem Bereich der Verbraucherbildung sind zahlreiche Themen geeignet, um diese anhand einer Projektmethode zu erarbeiten. So finden sich auf der Seite 43 dieses Arbeitsheftes zwei Vorschläge für Projektideen zum Thema Nachhaltigkeit.

Schritt 1: Vorbereitung
Wenn ihr euch für ein Projekt entscheidet, so heißt das:
- Lehrer und Schüler setzen sich gemeinsam Ziele: **Zielsetzung**.
- Sie planen gemeinsam, wie sie im Unterricht vorgehen wollen: **Planung**.

Damit ihr Projektarbeit erfolgreich durchführen könnt, müsst ihr einige Fertigkeiten erlernen:
- Arbeitsziele und die Wahl von Methoden mitbestimmen,
- auf einem Stadtplan Standorte bestimmen und Entfernungen errechnen,
- schriftliche und fernmündliche Informationen einholen,
- Branchenverzeichnisse nutzen,
- Kontakte zu Banken, Versicherungen, Institutionen und Verbänden herstellen und Informationen einholen,
- Einzelergebnisse von Befragungen und Beobachtungen auswerten,
- Ergebnisse für andere darstellen.

Schritt 2: Durchführung
Ihr erledigt die anfallenden Arbeiten gemeinsam oder in Gruppen. Ihr nehmt unter Umständen die Hilfe anderer Fächer, weiterer Lehrer, außerschulischer Institutionen, eurer Eltern usw. in Anspruch.
- Soll für eure Projektergebnisse geworben werden und mit welchen Mitteln und Maßnahmen soll geworben werden?
- Welche anderen Lehrer, Schulfächer können euch Hilfen geben?
- Welche Organisationen und Institutionen können euch helfen?
- Wie muss euer detaillierter Arbeits- und Zeitplan aussehen?
- Welche Konflikte können auftreten? Wie könnt ihr diesen begegnen?

Schritt 3: Nachbereitung
Zum Abschluss des Projektes solltet ihr die gemachten Erfahrungen auswerten und das Ergebnis gemeinsam bewerten und beurteilen. Ihr könnt das Ergebnis eurer Arbeit anderen (Schülern, Schule, Eltern, Institutionen, Öffentlichkeit usw.) vorstellen.

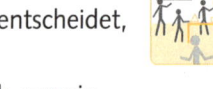

1. Erarbeitet eigene Projektvorschläge zum Thema Verbraucherbildung. Erläutert den Projektvorschlag auf der Grundlage der drei genannten Schritte zur Projektmethode.

_____

_____

_____

_____